sign

sign

● 윤만수 지음

실전 세일즈 셀링 포인트

율곡출판사

책을 내며_

올해는 저자가 보험업계에 입문한 지 10년이 되는 해이다. 그동안 실전에서 수많은 고객과 상담하면서 힘든 일도 많았다. 하지만 많은 것을 배운, 무척 소중한 시간이었다.

처음 보험 영업을 시작할 때 희망도 컸지만 두려움 또한 많았다. 정말 성공할 수 있을까? 내가 정말 영업을 잘할 수 있을까? 실패하면 어떻게 하지? 며칠 밤낮을 고민하고 또 했다. 이런 마음으로 시작한 것이 얼마 전 같은데 어느덧 10년이라니…….

저자는 이런 생각을 해본 적이 있다. 누군가 저자에게 "당신은 영업을 통해서 무엇을 얻을 수 있었나?" 하고 질문하면 어떻게 대답할지에 대해서. 한 번에 딱 떠오르지는 않았지만, 분명히 하고 싶은 말은 있었다. 지금도 머리에 떠오르는 것이 있다.

첫째, 영업을 통해서 '인생을 배웠다' 고 하고 싶다. 너무 거창하게 들릴지도 모르지만, 저자의 솔직한 심정이다. 인생 전체로 볼 때 영업을 한 기간이 비록 짧기는 하지만, 기억도 못할 만큼 수없이 많은 사람들을 통해 영원히 잊지 못할 값진 경험을 할 수 있었기 때문이다. 살면서 이런 값진 경험을 또 할 수 있을까?

둘째, 많은 사람들과의 만남을 통해서 평생 함께할 인연을 만들었다.

특히, 영업을 갓 시작할 당시 저자에게 많은 아픔(?)을 주었지만, 영업을 하는 내내 가장 큰 후원자가 되어 주신 정여용 사장님은 평생 잊지 못할 동반자이다. 아무나 다가갈 수 있는 성격의 소유자가 아님에도 불구하고, 그 당시 아무것도 모르고 겁 없이 다가갔던 저자의 순진함을 생각하면 웃음이 나오고, 저자의 그러한 모습을 꿋꿋이 지켜봐 주면서 응원을 아끼지 않은 그분의 진실함에 깊은 경의를 표하고 싶다. 그리고 저자를 처음 이 길로 안내해 주신 박세찬 지점장님, 초창기 힘든 시기에 동고동락하며 우정을 키워 나갔던 강민수 지점장님, 이재승 선배님, 이종석 선배님의 얼굴도 많이 떠오른다.

셋째, 땀 흘려 번 돈의 가치이다. 영업을 하기 전에는 부지런하기만하면 영업을 잘할 수 있을 줄 알았다. 육체적인 스트레스가 가장 큰 어려움인줄 알았지만, 일을 하면서 정신적 스트레스가 더 많다는 사실을 알게 되었다. 영업을 하는 동안 좋은 옷을 입었고, 좋은 차를 타고 다녔고, 항상 웃음을 띠고 있었지만, 지금 생각해 보니 좋은 옷은 나를 위한 옷이 아니었고, 좋은 차는 나를 위한 차가 아니었고, 얼굴의 웃음은 나를 위한 미소가 아니었다. 모두 고객을 위한 것이었다. 몸이 고달파도, 기분이 좋지 않아도, 고객 앞에서는 내색하지 못하는 고통은 영업을 하는 내내 많은 생각을 하게 만들었다. 물론 그렇게 노력한 덕분에 지금 이렇게 글을 쓰고 있다고 생각하니 감사할 따름이다.

영업을 하면서 매월 100만원을 벌든 1,000만원을 벌든, 만 원짜리 지폐의 색깔은 변함이 없었다. 열심히 땀 흘리고 마음 고생해서 번 돈의 소중함을 누구보다도 깊이 느낄 수 있었기 때문에 돈에 관해서는 항상 겸손한 마음을 가지려고 노력했다.

최근 몇 년 전까지만 하더라도 저자는 누구에게도 뒤지지 않을 만큼 아침 잠이 많은 사람이었다. 하지만 저자가 영업을 하면서 느낀 것들, 배운 것들을 정리하고픈 욕구가 아침 잠까지 줄이게 만들 줄은 미처 몰랐다. 아침 5시에 출근하여 컴퓨터 앞에 앉아 첫 타이핑을 시작한 지 1년 만에 드디어 이 책이 나오게 되었다. 지금 심정은 홀가분함과 아쉬움이 교차한다. 1년 동안 나름 많은 노력을 기울였으나, 저자의 글 솜씨가 부족해서 그런지, 마음속에 있는 것을 하나하나 생생하게 표현하는 능력이 부족해서 그런지, 안타까움 또한 앞선다. 이런 저자의 심정을 독자 여러분이 조금이라도 이해해 주길 바란다.

이 책에서 저자는 몇 가지에 주안점을 두었다. 기존의 영업 관련 책에서, 첫째, 개인의 경험담 위주이다는 느낌, 둘째, 특정 시장이나 특정 영업 기술에 편중되어 있다는 느낌, 셋째, 내용이 깊지 않다는 느낌(특히 영업의 심리적인 측면에서), 마지막으로, 개별적인 영업 이벤트에 집중되어 있다는 느낌을 받았는데 이와 차별화를 시도했다.

이 책을 통해, 영업을 처음 하려는 예비 설계사들은 현장에서 겪을 다양한 시행착오를 간접 경험함으로써 많은 것을 느끼고 배울 수 있으리라고 믿는다. 그리고 이미 영업하고 있는 설계사들은 한 차원 높은 상담 기술을 이 책에서 터득할 수 있을 것이다.

이 책이 무사히 세상에 나올 수 있도록 많이 도와주신 분들께 감사의 마음을 전한다.

저자를 낳아 보험 영업 일을 할 수 있도록 보살펴 주신 아버지 윤준의 님, 어머니 방금례 님과, 사랑하는 아내 이영미, 아들 윤관, 딸 윤송이에게 우선적으로 감사의 마음을 전하고 싶다.

그리고 이 책이 나올 수 있도록 여러 가지로 큰 도움을 주신 율곡출판사 담당자 분들께도 이 지면을 빌어 감사의 말을 전하고 싶다.

마지막으로 함께 일하고 있는 교육부 동료들과 김선준 이사님, 그리고 바쁜 와중에도 원고 교정작업에 신경을 써주신 이은경 씨에게도 깊은 감사의 뜻을 전하고 싶다.

위 모든 분들께 다시 한 번 깊은 감사의 뜻을 표하고, 여러분의 앞날에도 행운이 펼쳐지길 간절히 기대하며…….

2009년 7월,

밤비 내리는 소리가 행복하게 들리는 여름날 밤에

윤만수 씀

차례_

셀링 포인트 I 세일즈의 90%는 태도에 달려 있다

_Contents

셀링 포인트 II 고객의 마음을 읽고 덤벼라

셀링 포인트 1

세일즈의 90%는 태도에 달려 있다

억지로 쥐어짜낸 힘이 아닌, 마음에서 솟아난 힘으로 일을 해야 한다. 고객에게 당당하게 다가가고 싶은가? 고객에게 좋은 이미지를 심어주고 싶은가? 전문가로 대접받고 싶은가? 그렇다면 판매 기술을 습득하기에 앞서 올바른 태도부터 갖춰라.

영업을 처음 시작했을 때의 설레임과 두려움

저자가 보험 영업을 시작한 가장 큰 이유는 "남들과 다른 삶을 살고 싶은 간절함" 때문이었다.

사람들이 영업이라는 직업에 입문하게 되는 동기는 다양하다. 보험 영업에 처음 발을 들여 놓은 교육생들에게 입사 동기에 대해 물어 보면, "노력하는 것만큼 돈을 벌 수 있어서", 또는 "잘만 하면 단기간에 많은 돈을 벌 수 있어서"라고 대답한다.

하지만 일을 하면서 이러한 생각은 바뀔 가능성이 많다. 어느 분야에서든 자신의 일에 최선을 다하는 이들을 보면, 돈을 벌기 위해 일을 하는지, 일이 좋아서 일을 하는지에 대한 경계가 불분명하다. 단순히 돈을 벌기 위해 일을 하게 되면 일 자체가 힘들게 마련이다. 반면에 성실히 노력하다 보면 일 자체에 깊이 빠지게 되고, 보상 또한 자연스럽게 뒤따른다.

같은 일을 시작하더라도 하는 목적은 사람마다 다를 수 있다. 하지만 어떤 일을 하든 단기적이고 금전적인 목표로 달려 들면 애초에 의도했던 방향과는 전혀 다른 방향으로 나갈 가능성이 매우 높다는 것쯤은 알아야 한다.

일반적으로, 성공에서 금전적인 측면을 빼 버린다면 의미가 많이 축소되는 것은 분명하다. 하지만 전적으로 돈이 성공의 목적이 되어 버린다면 목적을 이루는 과정에서 바람직하지 않은 방법들이 동원될 가능성이 존재하기 때문에 문제가 되는 것이다. 설계사의 경우도 마찬가지이다. 금전적인 이유가 영업의 목표가 된다면 역설적으로 일이 잘 되지 않아 수입이 낮아졌을 때는 일을 그만둬야 하는 이유가 되어 버린다. 이처럼 무슨 일을 하든지 돈이 전부가 되어 버리면 일에 대한 본질적인 가치를 발견하기가 어렵고 일을 하면서도 잘못된 유혹에 쉽게 빠질 수 있다.

그러면 어떻게 하면 일 자체에도 매력을 느끼고 금전적인 보상도 많이 받을 수 있을까? 무엇보다 그 일이 가지고 있는 고유한 의미와 목적에 충실하는 것이 최고의 방법이다. 어떻게 생각하면 무척 쉬워 보이기도 하지만 이것이 정답이다. 옛말에 "돈을 좇지 말고 사람을 좇아라" 라는 말도 있지 않은가? 이것이 내포하고 있는 의미는 보험 영업을 하는 사람들에게는 시사하는 바가 크다.

보험 영업을 장기간 성공적으로 하고 있는 설계사들은 공통적으로 일에 대해 남다른 애정과 열정이 있는 사람들이다. 이것은 결코 우연의 일치가 아니다. 그들은 하는 일 자체에 의미를 두고 있고, 일을 하면서 자신의 일에 대한 깊이를 알아 가는 과정에서 즐거움을 느낀다. 금전적인 보상이 따르는 것은 물론이다.

따라서 일에 대한 가치와 비전, 그리고 금전적인 보상을 모두 이루고 싶은 사람은 보험 영업의 본질적인 의미와 가치에 대해 먼저 생각해 볼 필요가 있다. 그리고 자기가 궁극적으로 하고 싶은 일이 무엇인지, 누구를 위한 일인지, 그것이 삶에 가지는 진정한 의미가 무엇인지에 대해서도 깊이 생각해 봐야 한다.

그렇다고 다른 이유들이 중요하지 않다는 뜻은 결코 아니다. 단지 자기가 하는 일에서의 성공을 열렬히 바라는 사람들이라면 그 일이 자신에게 어떤 의미인지 알고 올바른 태도로 임하는 것이 핵심적인 요소임을 간과해서는 안 된다. 인생도, 일도 장난이 아니기 때문에 더욱 그렇다. 연습으로 치부하고 아까운 시간을 낭비하기엔 선택에 대한 비용이 너무 크기 때문이다.

저자가 보험 영업을 시작한 가장 큰 이유는 "남들과 다른 삶을 살고 싶은 간절함" 때문이었다. 지금의 안락함도 좋지만 나이 들어서 더 잘 살고 싶었다. 그래서 남들과 비슷하게 영업해서는 안 된다는 것도 알았고, 쉽지만은 않을 것이라는 것도 본능적으로 알았다. 그래서 성공에 대해 더욱 간절한 마음을 가지고 진지한 태도로 일에 임했다.

남이 하기 싫어하는 일에서 더욱 많은 기회가 있다는 생각으로, 힘들어도 용기를 내 적극적으로 시도했다. 그리고 일이 힘들어도 남들이 시도하지 않은 일을 하나씩 하다 보면 남들보다 더 많은 기회를 가질 수 있을 것이라는 믿음으로 일에 운명을 걸었다.

이러한 믿음은 영업을 하면서 점점 더 강한 확신으로 다가왔다. 동료들보다 좀 더 적극적인 태도로, 동료들보다 좀 더 부지런한 움직임으로, 생각보다 많은 기회를 얻었던 것이다. 그래서 보통 사람들이 시도하지 않은 일을 저자는 하나씩 더 시도했고, 그것을 성공적으로 이끌었을 때의 그 성취감은 실로 대단했다. 이러한 것들이 쌓여 저자를 한 차원 더 높은 수준으로 끌어 올렸던 것이다.

그리고 이왕 고생을 해야 한다면 젊어서 하는 것이 나이 들어 하는 것보다 훨씬 좋은 것이라 생각하면서 일에 임했다.

이와 같이 일에 대한 진지한 마음가짐과 태도는 영업을 하면서 더 많은 어려움을 자연스럽게 받아들일 수 있게 해주었다. 사소한 일이라도 쉽게 생각하지 않았기 때문에 어렵고 큰 도전들도 시도할 수 있었다. 그리고 일이 아무리 힘들거나 잘못되더라도 모든 것은 나 자신의 부족함에서 비롯된 것이라고 생각했다. 이 세상의 어떤 사소한 일에도 의미가 없지는 않기 때문에 일을 통해 많은 것을 배워야 한다고 생각했다.

쉽게 이룬 일이든 어렵게 이룬 일이든 그 나름의 의미는 반드시 존재한다. 삶을 항상 원하는 대로 편하게만 살아가면 타락할 가능성이 오히려 더 높지 않을까? 그리고 사람은 행복하고 즐거움을 통해서보다는 힘든 어려움을 통해 더 많이 성숙할 수 있다고 한다.

처음부터 이런 심정으로 일을 시작했다. 그렇게 하면 반드시 좋은 결과가 있을 것이라는 확신을 한 순간도 놓치지 않았다.

매일매일 '남들보다 성실해야 한다. 다른 이들보다 더 정직하게 일을 해야 한다. 다른 이들과는 다른 방식으로 일을 할 것이다' 라는 생각을 반복적으로 했다. 왜냐하면 비슷한 일을 하는 사람들이 너무나 많았기 때문에 고객의 눈에 띄기 위해서는 차별성이 반드시 필요했기 때문이다.

대부분의 사람들은 처음 영업을 시작하려 할 때 몇 가지 비슷한 고민을 하게 된다.

'내가 과연 영업을 잘할 수 있을까?'

'주위의 따가운 시선과 사회적 고정관념들을 잘 헤쳐 나갈 수 있을까?'

'내가 하는 일에 대해 자부심을 가질 수 있을까?'

'성공하기 위해 일을 어떻게 해야 할까?'

많은 사람들이 이와 같은 고민을 하면서 영업을 시작하지만, 이러한 고민이 자기 인생에서 어떠한 의미를 가지게 될지에 대한 생각은 저마다 다르다. 또 현실적으로 어려움의 벽에 부딪히게 되었을 때, 자기만의 뚜렷한 소신과 강한 의지력으로 어려움을 헤쳐 나갈 수 있는 태도와 생각에도 많은 차이가 나타난다. 사실 영업은 이러한 생각과 태도의 차이에 의해 성패가 결정나는 직업이다.

그런데 만약 진지하지 못한 태도와 '한 번 해보자' 라는 단순한 용기로 일을 시작하면 시간이 갈수록 영업이라는 것이 쉬운 일이 아님을 알게 된다. 쉽게 시작한 만큼 쉽게 그만둘 가능성이 높다.

어떤 일을 처음 시작하면 긴장이 되고, 두려움이 생기는 건 자연스러운 현상이다. 특히 보험 영업은 다른 직업보다 더욱 많은 망설임과 용기가 있어야 가능한 일이다.

깊은 고민의 과정 없이 새로운 도전을 시작하는 경우라면 다음의 둘 중 하나일 가능성이 높다. 하나는 그 일이 쉽게 보이는 경우이고, 다른 하나는 일에 대한 기대와 관심이 작은 경우이다. 굳이 설명할 것도 없이 이러한 태도로 일을 하는데 어떻게 성공할 수 있겠는가?

생각의 깊이는 깊으면 깊을수록 좋다. 작은 일이라 할지라도 쉽게 생각하지 마라. 그리고 스스로 내린 선택에 대해 철저하게 책임을 지는 태도를 가지고, 일을 통해 그것을을 증명해 보여라. 힘들더라도 억지로라도 긍정적인 사고를 하도록 스스로 노력하고, 반복적으로 다가올 시련에 당당하게 맞서서 다시 일어날 수 있는 강인함을 키워라. 이와 반대로 항상 무엇인가를 시도하지만 어떠한 결과를 내지 못하고 중도에 포기해 버리는 사람은 자신의 삶에 대한 책임의식이 약한 사람들이다.

당신은 어떤 이유로 보험 영업을 하고 있는가? 처음 시작했을 때의 다짐을 한번 떠올려 보라. 지금 당신의 영업은 원하는 방향으로 가고 있는가? 만족하고 있는가? 그렇지 않다면 왜 그런 현상이 일어나고 있는지를 진지하게 살펴보라. 혹시 일에 임하는 태도에 큰 문제가 있지는 않은가? 만약 문제를 발견했다면 그것을 극복하기 위해 당신은 지금 어떤 노력을 하고 있는가?

영업에서 알고 있는 것을 실천하는 것과 실천하지 않는 것의 차이는 성공과 실패의 차이이다. 누구나 이것에 대해 잘 알고 있다.

그리고 지속적으로, 또 창조적으로 일하는 것만이 큰 보상을 받을 수 있다는 것도 잘 알고 있다. 하지만 성공을 하는 이가 소수이듯이 알고 있는 것들을 실천하는 자 또한 소수이다. 오히려 다행이다. 모두가 성공해 버린다면 그 또한 너무 싱겁지 않은가?

10여 년 전, 저자가 처음 보험 영업을 시작한 후 얼마 동안 어려운 문제에 부딪힐 때마다 스스로를 채찍질하게 만든 신조 같은 것이 하나 있었다.

그것은 '지금 나에게는 영업이 적성에도 맞지 않고, 너무나 생소하게 느껴진다. 그렇기 때문에 영업이 적성에도 맞고, 열심히 하는 사람을 나는 결코 이길 수 없다. 하지만 최선을 다해 포기하지만 않는다면 톱 셀러의 80～90% 수준은 따라갈 수 있다' 는 믿음이었다. 영업을 하면서 이 믿음이 틀리지 않았음이 밝혀지는 데는 오랜 시간이 걸리지 않았다.

운이 좋게도 저자가 처음 영업을 시작했을 때, 지점에는 전국 1등을 한 설계사가 있었다. 그 선배에게 가서 세 가지를 질문했다.

"아침에 몇 시에 출근하십니까?"

"하루에 몇 명의 유망고객을 만나십니까?"

"몇 시에 퇴근하십니까?"

당시 이 질문에 대한 대답을 정직하게 해준 그 선배 설계사가 너무나 고맙다. 저자는 그 당시 그 선배 설계사가 말한 수치보다 '딱' 10%만 더 열심히 하기로 다짐했고, 결과는 대성공이었다. 약

3년 만에 그를 앞지를 수 있었다.

돌이켜 생각해 보면 당시 그러한 태도를 가지고 일을 시작할 수 있었다는 것은 너무나 큰 행운이었다.

인생을 남들과 다르게 살아가고자 하는 욕구가 강한 사람이라면, 또 지금까지 만족할 만한 삶을 살지 못했다고 후회하는 사람이라면, 과감하게 보험 영업을 시도해 보라.

일에 대한 철저한 사명감과 깊이 있는 철학, 그리고 사업가적인 비전을 동시에 가지고 임하면 큰 성공을 할 수 있다. 지금까지 크게 성공한 사람은 돈을 쫓아가는 사람이 아니라, 돈이 있는 곳을 알고 그 목을 선점하려고 노력하는 사람이었다는 것을 잊지 말고, 선점할 수 있는 영업을 하길 바란다.

영업은 일이 아니라 삶이다

"우리는 한 번밖에 살지 못한다. 하지만 제대로만 산다면 한 번으로도 충분하다." — 프레드 앨런

미국의 코미디언 프레드 앨런은 말했다.

"우리는 한 번밖에 살지 못한다. 하지만 제대로만 산다면 한 번으로도 충분하다."

사람마다 생각하는 방식이 다르듯이 살아가는 방식 또한 다르다. 서로 다른 환경과 가치관을 가지고 살아가는 현실에서 '어떻게 하면 한 번뿐인 삶을 잘 살 수 있을까' 라는 비슷한 고민은 누구나 하게 된다.

인생의 목표를 조금씩 만들어 가는 삶이란, 최종적인 목표를 향해 발전적인 진화를 계속해 나가는 삶이 아닐까? 중요한 점은 그러한 지속적인 진화과정에서 생활과 직업을 따로 떼어놓고 생각을 해서는 한계가 있다는 것이다. 왜냐하면 인간은 자신이 종사하는 직업을 통해 자아를 실현하고, 일을 통해 자기를 표현하기 때문이다.

사람은 평소에 가장 많이 생각하는 대로 행동을 한다. 생활하면서 평소의 관심사는 그 사람이 가장 많이 생각하는 것의 표현이다. 내가 돈을 가장 많이 생각하고 있다면 나의 최대 관심사는 돈이다. 그러한 목표를 이루기 위해 어떤 일이 가장 적합할까 하는 생각을 많이 하면 할수록 그것을 이루기 위한 다양한 방법을 찾게 될 가능성은 높아지는 것이다.

주위 사람들은 당신의 이러한 변화를 조금씩 감지하게 되고, 시간이 지나면서 자연스럽게 당신에 대한 이미지를 형성하게 된다.

이러한 측면에서 볼 때 영업을 직업으로 하는 사람들은 일을 통해 삶의 의미를 찾을 필요가 있고, 자신의 목표를 이루기 위해 지속적으로 노력하는 태도가 성공으로 가는 핵심임을 빨리 자각할 필요가 있다. 이러한 태도는 영업을 하면서 자연스럽게 고객에게 표현된다. 생각이 현실이 되고, 생활이 곧 일이 되는 사이클이 되는 것이다.

이처럼 성공한 사람들에게 일과 생활을 따로 떼어서 생각하는 것은 거의 불가능하다. 그러므로 하고 있는 일을 통해 그 사람의 생각과 삶에 대한 태도까지 알 수 있다.

자기관리가 제대로 되지 않는 사람이 영업에서 탁월한 성과를 지속적으로 낼 수 있다고 생각하는가? 자신을 관리하지 못하는 사람이 어떻게 다른 사람을 관리할 수 있겠는가?

평소 스타일이 A형 성격인데, 영업을 할 때는 B형 성격의 행동을 한다고 생각해 보자. 이 사람이 언제까지 연기를 잘할 수 있을 것 같은가? 우리는 자신을 속일 수 없다는 것을 잘 알고 있다. 진실함이 없는 모습으로 남들에게 다가가는 것은 분명한 한계가 있다는 것도 잘 알고 있다. 돈을 받기 위해서 평소 익숙하지도 않은 행동을 지속적으로 하는 것이 정말 힘들지 않을까? 경우에 따라서는 잘 할 수도 있지만 장기적으로는 반드시 한계에 부딪히게 되어 있다. 왜냐하면 인위적으로 일관성을 지속한다는 것은 너무나 어려운 일이며, 가식적인 행위를 하는 사람이 깊이 있는 상담으로 상대방을 감동시킬 수는 없기 때문이다. 자신도 하고 있지 않은 것을 상대방에게 하라고 하는 것에는 분명한 한계가 있다. 무슨 일이든 자연스러움에서 나오는 열정이 가장 큰 에너지를 창출할 수 있기 때문이다.

옛말에 그 사람의 친구를 보면 그 사람을 알 수 있고, 화장실을 가보면 그 집의 청결 상태를 알 수 있다고 했다. 평소에 언행이 반듯하지 못한 사람은 아무리 노력을 해도 부지불식 중에 나오는 사소한 말실수 때문에 상담 결과가 좋지 않은 방향으로 귀결되는 경우가 많다. 이러한 것들은 미연에 방지할 수 있는 성격의 것이 아니기 때문에 더욱 심각하다.

재미도 없는 일을 단순 반복하는 것도 어려운 일인데다, 설상가상으로 성과도 따라주지 않으면 그 일을 더 이상 할 이유가 없어지게 된다. 왜냐하면 다른 일들도 마찬가지지만 보험 영업은 일 그 자체에 의미를 느끼지 못하게 되면, 하면 할수록 힘이 들어 지속적으로 해 나갈 수 없는 일이다.

지금 하고 있는 일을 통해 그 사람의 삶의 철학과 원칙을 알 수 있고, 상대방은 그것을 자연스럽게 느낄 수 있다. 따라서 자신의 혼과 신념이 반영되지 않고, 단순한 생각으로 일에 임하는 사람은 상대방 내면으로부터의 감동과 진실한 동의를 이끌어내지 못한다. 평소 정직과 신용을 가장 중요하게 생각하고 있는 사람이라면 일을 하면서 이러한 것이 자연스럽게 표출된다. 고객은 설계사의 있는 그대로의 인간적인 모습에 매력을 느끼게 되고 신뢰하게 되는 것이지, 가식적인 연기를 하는 사람은 좋아하지 않는다.

자연스럽게 보여지는 그 사람의 진실한 태도가, 판매 화법을 외우고 멋진 자료를 가지고 고객을 설득하는 것보다 훨씬 더 강력하게 고객의 가슴에 호소할 수 있는 것이다.

"영업사원답게 일을 해서는 안 된다"라는 말이 무슨 의미일까? 세상에는 다양한 분야에서 활동하는 영업사원들이 있다. 모두가 한결같이 팔아야 하는 사람들이다. 오늘도 그들은 많이 팔기 위해

부단히 노력하고 있다. 판매를 위한 전쟁을 하고 있다고 해도 과언이 아니다. 더 많은 판매를 위해 어떻게 하면 고객으로부터 더 많은 신뢰를 얻을 수 있는지를 연구하고 교육한다. 그런데 이러한 다양한 노력에도 불구하고 영업사원들에 대한 고객의 고정관념에는 큰 변화가 있어 보이지 않는다.

"영업사원을 믿어야 하는가?" 라는 질문에 "그렇다" 라고 동의할 고객들이 얼마나 될 것 같은가? 물론 영업사원에 따라 다르겠지만 일반적인 시각에서 본다면 영업사원에 대한 이미지는 그렇게 호의적이지만은 않다.

고객이 어떤 영업사원에게 "영업사원답게 영업을 하세요" 라고 말한다면 이 말을 듣는 영업사원의 기분은 어떨까? 당신은 고객의 이러한 말이 긍정적으로 들리는가, 부정적으로 들리는가? 어떤 상황에서 고객은 이런 말을 하게 될까?

이 말은 그 사람이 평범한 영업사원보다 일을 잘 처리하지 못했기 때문에 나온 고객의 불만이다. 평범하게 영업하기 위해 영업을 시도하는 설계사는 없을 것이다. 영업사원처럼 영업을 하게 되면 평균 이상으로는 잘 할 수 없게 된다는 뜻이다.

만일 어떤 고객이 "당신은 여느 보험설계사와는 다릅니다" 라고 말했다면, 다른 보험설계사보다 고객의 마음에 더 들었다는 뜻이고, 만족스럽게 계약을 할 가능성이 높다는 뜻이다. 이 말은 평범한 영업사원처럼 일을 하는 것과는 반대의 뜻이다. 따라서 당신이 일을 더 뛰어나게 잘하기 위해서는 영업사원처럼 일을 해서는 안 된다.

사람은 상대방의 이름만 들어도 그 사람의 느낌을 본능적으로 떠올리게 된다고 한다. 따라서 당신이 사람들에게 어떠한 느낌으로 기억되는가는 매우 중요하다.

인생은 그 자체가 영업이다. 남들에게 잘 보이기 위한 노력 하나하나가 바로 영업인 것이다. 남편은 아내에게, 아이들에게 좋은 가장이 되기 위해 노력하면서 살고 있다. 직장인은 상사 또는 동료와 잘 지내기 위해 서로 노력하고 있지 않은가? 즉, 우리네 인생에서는 누가 더 열심히 노력해 영업을 잘하느냐에 따라 더 많은 것을 누릴 수 있느냐가 결정된다. 영업을 잘하는 사람은 누구보다 인생을 더 적극적으로 사는 사람이고, 삶을 적극적으로 산다는 것은 더 많은 기회를 얻어 성공에 한발짝 더 다가설 수 있음을 의미한다. 즉, 열심히 산다는 말과 영업을 잘한다는 말은 같은 맥락으로 볼 수 있다. 남들보다 더 열심히 살려고 노력하는 사람은 더 열심히 영업하고 있는 것이다.

당신의 평소 생각과 말과 행동이 영업에 그대로 반영되어 당신이 만나게 될 사람들에게 전달되도록 노력하라. 평소에 좋은 생각을 많이 하라. 그리고 많은 사람들을 돕고 싶다는 선한 마음으로 고객에게 다가가길 바란다. 남을 돕고 싶은 마음이 강하면 강할수록 더 적극적인 영업을 할 수 있기 때문이다. 영업사원처럼 일하지 말고 그 한계를 벗어나는 영업을 해야 고객이 감동한다. 영업사원의 한계를 벗어나려면 판매가 목적이 아닌 영업을 하고, 고객에게 저자세가 아닌 당당하고 정직한 자세로 다가가라. 그리고 상대방을 따뜻하게 배려할 수 있는 마음의 여유 또한 잃어버리지 않도록 노력하라.

진실하고 적극적인 생활태도가 보험 영업에도 이어져, 삶과 일이 하나로 뭉쳐질 때 시너지 효과가 발휘됨을 명심하자.

게으른 사람이 무엇을 할 수 있겠는가?

오늘 하루는 당신의 인생에서 처음이자 마지막 하루임을 명심하라. 습관적으로 하루를 살아가는 것만큼 사치스럽고 후회스런 것은 없다. 나태한 하루는 삶 전체를 좀먹는다.

당신은 성실한가? 주위사람들이 당신의 평소 모습을 어떻게 평가할 것 같은가?

"성공한 삶은 성공한 해들의 합이고, 성공한 한 해는 성공한 달들의 합이고, 성공한 한 달은 성공한 주들의 합이며, 성공한 한 주는 성공한 날들의 합이다" 라는 말이 있다.

그리고 시인 헨리 웨즈워스 롱펠로우Henry Wadsworth Longfellow는 말했다.

"위대한 사람들이 오르고 지켜온 정상은 갑작스럽게 날아서 도달한 것이 아닙니다. 그들은 동료들이 잠들었던 밤에도 정상을 향해 수고로운 발길을 옮기고 있었습니다."

게으른 사람과 성실한 사람은 태어날 때부터 나누어지는 것이 아니라 살아가면서 스스로 결정하는 것이다. 어떤 일을 하느냐, 어떤 환경에 있느냐, 어떤 사람들과 생활하느냐에 따라 영향을 받기도 하지만, 결정적인 요소는 변화를 위해 끊임없이 스스로 노력하는 태도이다.

이처럼 성실함이 성공의 결정적인 요소임은 의심의 여지가 없다. 성공한 설계사들의 공통점은 하나같이 매우 성실하다는 것이다. 눈을 씻고 찾아봐도 게으른 사람이 성공한 경우는 드물다.

생각하고 움직여라. 또 생각하고 움직여라. 그리고 이러한 행위를 지속적으로 하라. 영업을 하는 동안 당신은 항상 움직이고 있어야 한다. 영업은 반드시 움직여야 진전이 있는 일이기 때문이다. 움직여야만 고객을 만날 수 있고, 움직여야만 어떤 결과도 있게 된다. 그러한 과정에서 결국 돈을 벌고 성공도 할 수 있는 것이다.

주위를 잘 살펴보라. 성공한 사람일수록 바쁘게 움직인다. 그들은 시간을 벌고자 아침 일찍 출근한다. 저녁시간은 술 마시고 놀기 좋은 시간이지만 아침시간은 생산적인 일을 할 수 있는 소중한 시간이기 때문이다. 그들은 스스로 부지런해야 하는 이유를 끊임없이 만들어내는 데 선수들이다. 인생에서 시간이 가장 값비싼 자원임을 누구보다 잘 알고 있기 때문에 시간을 함부로 낭비하지 않으려고 노력한다. 시간을 의미없이 빼앗는 사람을 매우 싫어한다.

부지런하게 움직이면서 조금씩 진화해 가는 자신을 발견하고, 작은 것에 만족하지 않고 더 큰 목표를 위해 늘 도전하는 데 에너지를 집중한다.

자신이 남들보다 열심히 산다는 사실에 뿌듯해하는데, 이러한 현상은 시간이 지날수록 그렇지 않은 사람들과 더욱 큰 차이를 만든다. 새로운 것을 시도하면서 성공하는 방법을 남들보다 빨리 터득하므로 당연히 짧은 시간에 더 많은 것을 이룩할 수 있다. 그들은 더 많은 고통을 감수하는 것이 무엇을 말하는지 진정으로 알고 있기 때문에 주저함이나 후회가 없다.

성공하는 사람은 더 큰 성공을 위해 또 움직인다. 포기하지 않고 성실히 하면 무엇이든 성취할 수 있다는 명제를 믿는다. 그들은 항상 시간이 부족해 보인다.

그렇다고 무조건 일에만 묻혀 사는 것은 결코 아니다. 시간을 효율적으로 활용하는 것에 선수들이기 때문에 남들이 생각하는 것만큼 일에만 빠져 다른 중요한 것을 간과하는 사람들이 아니다. 일을 제대로 하는 사람들은 일과 여가를 확실히 구분할 수 있는 사람들이다.

영업에서뿐만 아니라 우리 인생에서도 시간관리는 매우 중요하다. 이 점은 뒤에서 다시 설명하겠다.

지속적인 변화는 한순간에 일어나지 않는다. 목표란 한순간에 이루어지는 것을 말하는 것이 아니다. 남들보다 더 잘 살고 싶다면,

남들보다 특별해지고 싶다면, 더 많은 것을 베풀면서 살고 싶다면, 그에 맞는 노력과 대가가 있어야 한다. 목표를 이루기 위해서는 노력해서 성취하는 방법 이외에 다른 방법은 존재하지 않는다고 믿는 것이 현명할 것이다.

이처럼 중요한 발견은 단 한 번의 아이디어로 나오는 것이 아니라 장기간에 걸친 고민과 노력으로 이루어진 것이다. 설령 단 한 번의 아이디어라고 표현할지라도 그 아이디어가 떠오르기 전에 많은 시행착오의 과정이 있었음을 알아야 한다.

하루 생활에 대한 자신만의 계획과 기준이 없다면 시간은 그저 강물처럼 흐르게 된다. 계획이 없는 하루가 쌓이면 무기력한 삶이 되어 버린다. 따라서 장기적인 목표에서 출발해 단기적인 현실로 이어지는 전략을 명확하게 세워서 시간을 활용해 나가야 한다.

성공을 하기 위해서는 명확한 목표설정이 중요하고, 이러한 목표를 달성하기 위해 체계적이고 치밀한 전략이 반드시 있어야 한다는 뜻이다.

어느 분야이든 최소 3년 정도 진지하게 공부하면 준전문가가 될 수 있다고 한다. 보험 영업에서는 5년 정도의 성공적인 영업활동이 더 큰 성공을 위한 보증수표라고 할 수 있다.

어떤 이는 보험 영업이 큰 노력을 들이지 않고도 단기간에 인생을 역전할 수 있는 직업이라고 말한다. 만약 당신이 이러한 생각에 동의한다면 당장 생각을 바꾸는 것이 좋을 것이다. 이 세상에 성실하지 않고, 정직하지 않은 방법으로 인생의 궁극적인 성공을 이룰 수 있는 직업은 존재하지 않기 때문이다.

뭔가를 포기하지 않고 성실히 한다는 것은 매우 힘든 과정임이 틀림없지만, 자신의 목표를 성취하는 데 있어 끈기가 가장 중요한 요소라고 한다면 선택의 여지는 없지 않은가?

"움직이지 않으면, 아무 일도 일어나지 않는다" 라고 했다. 그것도 매우 성실하게 또 포기하지 않고 움직여야 한다.

영업으로 성공하고자 하는 자는 남들이 하지 않는 일을 기꺼이 하려는 태도가 되어 있어야 한다. 오늘 하루는 당신의 인생에서 처음이자 마지막 하루임을 명심하라. 습관적으로 하루를 살아가는 것만큼 사치스럽고 후회스런 일은 없다. 나태한 하루는 삶 전체를 좀먹는다.

당신을 힘들게 하는 것들

제2차 세계대전 당시 베트남에서 포로생활을 하면서 끝까지 살아 남은 미군들은 낙천주의자가 아니라 냉철한 현실주의자였다. 부정적인 사람은 부정적인 것에 더 많은 관심을 가지고, 행동보다 말이 먼저 앞서는 사람이다.

"보험 영업을 함에 있어 가장 어려운 것이 무엇인가?" 라는 질문을 하면 대부분의 설계사들에게서 공통적으로 나오는 대답이 "거절" 이다.

실제로 보험 영업은 다른 영업보다도 거절의 강도가 높은 직업이라 할 수 있다.

여기서 다시 한 번 생각해 보자. 정말 거절 때문에 일이 힘들까? 그렇다면 그렇게 힘든 거절을 줄이기 위해 당신은 어떠한 노력을 하고 있는가? 혹시 일을 하면서 불필요한 거절을 스스로 만들고 있지는 않은지 생각해 보았는가?

거절에 대한 의미 있는 일화가 있다.

A라는 설계사는 3년차에 접어드는 우수 설계사였다. 1년에 약 300건의 계약을 성사해 2년 동안 600여 건의 계약을 달성했다. 그러던 어느 날, A설계사는 영업을 그만두겠다고 지점장에게 말했다. 이유는 이렇다.

"저는 1년차에 약 300건의 계약을 했어요. 이 계약을 하기 위해 제가 만난 고객은 약 1,000명이었습니다. 1,000명에게 연락해서 200명과 약속을 잡았고, 그중 100명의 고객에게 계약을 할 수 있었지요. 2년차에도 앞만 보고 일했기에 다시금 약 300건의 계약을 할 수 있었습니다. 그런데 어느 날 문득 '100명에게 계약을 받기 위해 900명에게 거절을 당했다' 라는 생각을 하니 끔찍했습니다. 1건의 계약을 받기 위해 무려 9배나 많은 거절을 당해야 한다고 생각하니 갑자기 자신이 없어졌습니다. 그래서 포기하기로 마음먹었습니다."

결국 A설계사는 영업을 그만두고 말았다.

10케이스를 하는 설계사와 1케이스만 하는 설계사 중 누가 더 많은 거절을 당하겠는가?

보험 영업은 바로 거절과 맥을 같이하는 직업이라 해도 과언이 아니다. 거절이 싫다는 말은 영업을 그만두겠다는 말과 같다. 거절을 효과적으로 잘 극복하려고 하는 긍정적인 태도가 아니라, 피하려고 하는 소극적이고 부정적인 태도를 가지고 있다면 영업이라는 직업을 애초부터 선택하지 말아야 한다.

앞의 경우는 영업이라는 직업의 특성을 제대로 이해하지 못한 것을 보여주는 의미 있는 사례이다.

동료 설계사들은 지금도 거절을 당하고 있다. 앞서가는 설계사들은 더 많은 거절을 당하고 있다. 영업을 하는 설계사가 거절을 극복하지 못하고 두려워해 계속 피하려고만 한다면 설계사로 성공하기는 불가능하다. 고객의 거절을 싫어하는 이유는 거절이 내포하고 있는 긍정적인 면을 보지 못하거나 외면하려는 부정적인 태도 때문이다.

이처럼 영업을 하다 보면 다양하고 많은 거절을 피할 수 없는 것이 현실이다. 하지만 중요한 사실은, 거절을 피할 수는 없지만 그것을 받아들이는 태도는 자신이 선택할 수 있다는 점이다.

영업을 하면서 불필요하게 거절을 유발하는 경우도 있는데, 대부분은 영업에 대한 준비 부족과 상담진행의 미숙함에서 발생한다. 하지만 정작 자신은 이 사실을 알지 못한 채, 거절 그 자체만을 싫어하고 있다. 불필요한 거절을 줄이고 싶다면 우선 자신의 상담과정에 대해 세심한 코치를 받아 보는 것이 좋다.

무엇보다도 거절을 받아들이는 태도는 매우 중요하다. 앞에서도 언급했지만, 높은 성과를 원한다면 많은 거절을 당할 마음의 준비를 해야 한다.

거절을 무조건 부정적으로 받아들이지 말고, 거절이 내포한 진정한 의미에 대해 깊이 생각해 볼 필요가 있다. 객관적인 시각으로 거절하는 상대방을 이해하려고 노력하다 보면 거절에 대한 공포를 많이 줄일 수 있다. 사실 거절은 설계사에 대한 관심의 뜻으로 받아들여야 할 때도 매우 많다는 것을 잊어서는 안 된다. 이처럼 거절에 대해 이해를 많이 하면 할수록 비슷한 거절의 빈도를 획기적으로 줄일 수 있는 것은 확실하다.

"거절을 다룬다"라는 말은 그것을 사전에 방지할 수 있는 단계가 되었을 때를 말한다. 동전에 앞면과 뒷면이 존재하듯이, 모든 현상에는 부정적인 면과 긍정적인 면이 공존한다. 문제는 이러한 거절을 생각하는 태도인데, 긍정적인 면에 집중하는지, 부정적인 면에 집중하는지에 따라 결과는 판이하게 달라진다. 특히 거절의 경우에는 부정적인 충격이 먼저 다가오기 때문에, 머뭇거리면 주저앉게 된다. 높은 성과를 내지 못하는 설계사들은 대부분 거절의 부정적인 면에 압도된 나머지 거절을 그저 두려워해 피하려고만 하는 성향이 강하다.

거절을 다른 각도에서 깊이 생각해 볼 필요는 있다. 거절을 극복하지 못하면 사람에 대한 공포는 영원히 떨쳐 버릴 수 없는 일이 될 것이다. 그리고 영업을 활발하게 하다 보면 거절보다 더 무서운 것이 '무관심' 이라는 것을 알게 될 것이다.

"영업을 한 마디로 표현한다면 무엇이라고 하겠습니까?" 라는 질문을 받는다면 저자는 "외로움" 이라고 말할 것이다.

영업은 고독한 자신과의 끝없는 싸움이다. 고객이 힘들게 해도 고객에게 화를 낼 수 없다. 모든 직업에는 나름의 고충이 있겠지만 보험 영업에서는 외로움이 어떤 직업보다 깊고 힘들다. 다양한 사람과 만나면서 예측할 수 없는 일을 경험하는 것이 영업이다. 고객이 무슨 생각을 할지, 어떤 말을 할지 알 수 없기 때문에 흥미진진할 때도 있지만 때로는 스트레스를 많이 받고 심지어 고객이 두려울 때도 있다.

영업하면서 깨달은 중요한 진리는, "고객은 옳다" 이다. 오랜 기간 영업을 하면서 어려움에 부딪히면 이 진리에 의문을 품을 때도 있지만 결국은 "고객은 옳았다" 라는 것을 다시금 느끼게 된다.

"갑" 과 "을" 의 입장으로 본다면 일반적으로 설계사는 "을" 의 입장이다. 상대방의 눈치를 봐야 하고 상대방에 맞춰야 하는 입장이다. "을" 의 입장은 힘들고 어렵다. 그래서 누구나 "갑" 이 되고 싶어하지, "을" 이 되려고 하지 않는 것이다.

하지만 오랫동안 일을 잘하는 설계사들은 이 말에 전적으로 동의하지는 않는다. 초기에는 설계사가 전형적인 "을"의 입장이지만 시간이 갈수록 양측은 "갑"과 "을"의 관계가 아니라, 서로 도움을 주고받는 동등한 관계가 되거나 오히려 설계사가 "갑"의 입장이 되기도 하기 때문이다.

이처럼 고객과 설계사의 관계를 이분법적으로 나눌 필요는 없다. 사실은 서로 돕고 의지하는 관계이다. 고객 때문에 스트레스받아 힘들고 외롭더라도 이는 하나의 과정일 뿐이다. 어떤 일을 하더라도 남에게 말 못할 아픔은 있기 마련이다.

그래도 조직생활에 얽매인 사람들보다는 자유롭지 않은가? 정말 보기 싫은 고객이 있다면 안 보면 그만이다. 하지만 조직생활에서는 상황이 그렇게 단순하지 않다. 보기 싫어도 봐야 하는 아픔이 얼마나 큰지 경험해 보지 않은 사람은 이해하기 힘들다.

영업을 하면서 외롭고 힘들더라도 더 멀리 보고 감내하는 지혜가 특히 필요하다.

영업을 하면서 슬럼프를 경험한 적이 있는가? 슬럼프는 누구나 한번쯤 반드시 겪어야만 하는 것일까? 그렇다면 슬럼프는 어떻게 극복해야 하는 것일까?

주위에서 동료들이 '슬럼프'에 빠져 힘들어하고 있는 경우를 종종 목격하게 된다. 어떤 설계사는 슬럼프를 이겨내지 못해 영업을 포기하는 반면, 어떤 설계사는 장기간 영업을 하면서도 슬럼프라는 것을 모른다.

영업을 하다 보면 슬럼프에 빠질 개연성은 매 순간 존재한다. 영업에서 슬럼프의 원인과 해결책은 전적으로 자신의 태도에 달려 있다는 것 또한 알 필요가 있다. 이 말은 슬럼프를 만드는 사람도 자신이고 그것을 극복하는 것도 결국은 자신이라는 뜻이다. 슬럼프의 원인과 해결책에 대해서 자신만큼 잘 알고 있는 사람은 없기 때문이다.

돌이켜 보면, 슬럼프라는 것도 매번 경험하는 사람들에게 더 빈번하게 찾아오는 것임을 알 수 있다. 의지가 강하고 신념이 뚜렷한 설계사들에게는 슬럼프가 찾아올 틈이 없다. 그들은 이해하기 힘들 정도로 긍정적이고 도전적이고 부지런하다. 그들도 나름의 고충은 있겠지만 슬럼프에 빠져 허우적거리는 동안 겪게 되는 손실이 매우 크다는 것을 잘 알고 있기에 최대한 노력해 이겨내는 것이다.

긍정적인 태도와 낙천적인 태도의 차이에 대해서 알아보자. 비슷해 보이지만 둘은 의미에 큰 차이가 있다. 둘 다 미래를 밝게 본다는 점은 비슷하지만, 그 과정에서 보이는 태도는 많이 다르다. 긍정적인 태도는 지금의 상황이 어렵더라도 원하는 결과를 얻기 위해 노력하고 감내하는 과정이 포함되어 있지만, 낙천적인 태도는 이러한 과정 없이 생각으로만 좋은 결과를 바란다는 점에서 둘은 큰 차이가 있다. 막연하게 미래를 좋게만 바라보는 낙천주의자는, 어려움을 헤쳐 나가는 데 분명한 한계가 있다.

자기관리를 잘하는 사람들의 공통적인 특징 중에 한 가지는 자기에게 처한 상황이 매우 힘들거나 불리하더라도 끝까지 긍정적인 태도로 자신의 미래를 원하는 방향으로 만들어 간다는 점이다. 그들은 누구보다도 자신을 믿는다. 즉, 어려움을 하나씩 해결해 가면서 자신을 아끼고 사랑하는 방법을 터득해 나가게 되는 것이다. 이들에게는 시간이 갈수록 긍정적인 태도가 더욱 큰 빛을 발하게 됨은 의심할 여지가 없다.

그들은 자신감이 누구보다 대단하다. 그러한 자신감의 바탕에는 자신을 믿으며 더 나은 미래를 만들기 위해 노력하는 긍정적인 태도가 두텁게 깔려 있다. 이들은 영업에서 발생하는 갖가지 어려움에 대해서도 누구보다 냉정하게 생각하고 합리적인 방법으로 해결하려 노력한다. 끊임없이 그리고 다양하게 다가오는 어려움을 불평하는 것이 아니라, 합리적인 해결방법을 찾는 데 더욱 집중한다. 자신이 원하는 것을 얻기 위해 지불해야 하는 것이 있다면 기꺼이 지불한다. 세상에 공짜가 없다는 생각을 누구보다 명확하게 하고 있다. 영업을 하는 이들에게 필요한 것은 이러한 자세일 것이다.

긍정적인 사고를 할 수 있는 사람은 냉철한 이성으로 현실을 정확히 볼 줄 아는 사람을 말한다. 제2차 세계대전 당시 베트남에서 포로생활을 하면서 끝까지 살아 남은 미군들은 낙천주의자가 아니라 냉철한 현실주의자였다. 부정적인 사람은 부정적인 것에 더 많은 관심을 가지고, 행동보다 말이 먼저 앞서는 사람이다. 그들은 말로써는 모든 것을 해낼 수 있을 것처럼 이야기하고 있지만 알고 보면 약자들이고 할 수 있는 것들이 너무 적다. 부정적인 사고 방식은 전염성이 강하다. 부정적인 사고는 영업 전체를 파괴하는 가장 강력한 요소이다.

자신을 믿지 못하는 사람이 어떻게 고객에게 믿음을 주는 영업을 할 수 있겠는가? 삶의 긍정적인 면을 보지 못하는 사람이 어떻게 다른 사람의 인생을 설계할 수 있겠는가?

고객은 부정적인 설계사를 원하지 않는다. 단 1%의 가능성에서 100%의 성공을 볼 수 있어야 한다. 왜냐하면 1%가 100%가 되기도 하고, 100%가 0%가 되기도 하는 일이 자주 발생하는 곳이 영업의 현장이기 때문이다.

긍정적으로 볼 수 있는 상황을 1%라도 부정하는 사람이 되기보다는, 부정적으로 볼 수밖에 없는 상황을 1%라도 긍정하는 사람이 되길 바란다.

고객이 두려운 적이 있는가? 왜 두려운가?

"이 세상 누구도 당신의 허락 없이 당신에게 열등감을 느끼게 할 수 없다." — **루즈벨트**

설계사들은 고객의 거절에 필요 이상으로 민감하게 반응하는 경향이 있다. 이러한 성향은 특히 신입 설계사의 경우에 더 심하게 나타난다. 그렇다면 거절이 싫은 이유는 무엇일까? 아니면 거절이 두려운 이유는 무엇일까? 자신의 욕구를 채워주지 못하는 고객에 대한 서운함 혹은 불만일까? 그렇다면 왜 고객이 두렵기까지 할까?

일반적으로 사람은, 자기가 원하는 것과 반대 방향으로 일이 진행되거나, 생각하지도 않은 일에 부딪히게 되면 당황하고 힘들어한다. 예를 들어, 어떤 사람이 1천만 원을 가지고 주식투자를 한다고 생각하자. 돈을 잃을 확률과 돈을 벌 확률은 같다. 하지만 그 사람은 높은 기대로 투자를 시작했지만, 돈을 잃게 되었다고 하자. 이러한 결과에 그는 아주 당황스러워한다. 그는 잃은 것을 만회하기 위해 더 과감한 투자를 한다. 그런데 투자한 금액은 점점 더 빠르게 줄어 간다. 흥분한 상태가 되어 올바른 판단을 할 수 없었기 때문에 더 많은 돈을 잃은 것임에도, 그는 책임을 자신이 아닌 다른 것에 전가하기도 한다. 이처럼 사람은 애초에 자신이 원하거나 바란 대로 결과가 나오지 않으면 당황스러움, 흥분, 심지어 절망감이 생기게 된다. 이러한 상황을 좋아하는 사람은 아무도 없을 것이다.

영업을 하면서 고객을 두려워하는 이유는, 고객을 '이용' 하려는 심리 때문이다. 설계사는 그러한 마음을 고객에게 들키지 않으려고 노력한다. 그 과정에서 어쩔 수 없이 거짓말이 나오게 될 가능성이 높아지는 것이다. '한 건' 하기 위해 고객의 눈치를 봐야 하는데, 그 생각을 고객이 모르게 행동해야 하기 때문이다.

사람이 두려운 이유는 이처럼 자신이 원한 결과가 나오지 않을 것 같은 불안함과 '한 건' 하기 위해 고객의 눈치를 봐야 하는 심리 때문임을 알 수 있다. 요약하면, 영업을 하면서 사람을 두려워하는 것은 가능성이 많지 않은 상황에서 너무 높은 기대를 하고, 자신의 이익을 위해 상품을 판매하려는 욕구가 너무 강한 나머지 발생하는 현상이다.

만약 어떤 설계사가 매달 10건의 계약을 체결하길 원한다면, 당연히 1건의 계약을 하는 설계사보다는 많은 거절을 당할 준비를 하는 것이 현명하다.

일반적으로 거절당한 횟수와 성과는 비례한다는 말에는 동의하나 현실적으로는 이것을 받아들이는 행동을 하기란 쉽지 않다. "모든 영업활동에 가장 자연스럽게 존재하는 것이 거절이다"라는 진리를 모르는 설계사는 없을 텐데도 말이다.

영업의 대가 브라이언 트레이시는 말했다.

"거절은 모든 영업에서 제안에 대한 표준적인 반응일 뿐이다."

이 말은 거절을 자연스러운 반응 이상으로 확대 해석해 봐야 전혀 도움되지 않는다는 뜻이다. 그리고 영업 성과를 높이기 위해서는 거절을 받아들이는 태도가 중요함도 말하고 있다.

사람들은 일반적으로 생필품을 구입할 때는 구매에 대한 저항이 현저하게 줄어든다. 중요하지는 않지만 당장 급한 것에 대한 소비를 중요하게 생각하는 경향이 있기 때문이다. 하지만 생필품과는 다르게 보험상품의 경우에는 고객이 필요성을 느끼고 자발적으로 보험회사나 설계사에 문의해 가입하는 경우보다는 설계사들의 적극적인 권유를 받고 가입하는 경우가 대부분이다. 고객들은 중요하고 시급하게 준비해야 할 대표적 상품인 보험에 대해서는 적극적인 가입의사를 보이지 않는다. 어떤 고객은 보험보다 저축이 더 좋다는 생각을 하는데 이는 근본적으로 보면 소비에 더 큰 의미를 두고 있음을 알 수 있다. 하지만 당신은 고객의 이러한 반응 때문에 스트레스받을 필요는 없다. 왜냐하면 이러한 경향은 모든 사람들에게 공통적으로 존재하는 특성이기 때문이다. 사람들은 판단하는데 익숙하지 않다. 잘못 판단해 후회하는 것을 두려워하고 있기 때문이다. 따라서 사람들의 이러한 심리를 파악해 중요하고 시급한 것을 먼저 가입하도록 하는 데 당신의 역량을 집중해야 한다.

그리고 과거의 잘못된 관행 탓에 보험과 설계사에 무조건 부정적인 반응을 보이는 사람들이 있다. 그들에게 보험설계사는 피해야 할 대상일지도 모른다. 설계사는 고객의 이러한 태도를 최대한 긍정적으로 이해하고, 어떻게 하는 것이 더 유리한 방향으로 일을 발전시킬 것인가에 더 집중할 필요가 있다. 사람들이 합리적인 소비를 할 수 있도록 도와야 할 사람이 바로 설계사이기 때문이다.

거절의 부정적인 면보다 긍정적인 면을 보려고 노력하는 설계사는 어떻게 하면 거절을 생산적으로 활용할 것인가에 더 많은 관심을 둔다. 실제로 영업을 잘하는 설계사들은 거절에 대해 더욱 적극적인 태도를 취하고 관심을 가진다는 사실이 밝혀졌다.

일을 잘하는 설계사는 시간이 지날수록 거절의 영향력이 상당히 제한적임을 깨닫고 자신만의 노하우와 유연성으로 거절을 효율적으로 관리한다. 반대로 거절을 피하려 하면 할수록 두려움이 지배하게 되어 결국 올바른 영업활동을 하지 못하게 된다. 거절은 피하면 피할수록 더 무섭게 확장되기 때문에 보험 영업이 세상에서 가장 어려운 일이 되도록 만들어 버린다.

이처럼 보험 영업을 할 때 거절을 피하려고만 하는 수동적인 태도는 전혀 생산적이지 않다는 것을 빨리 깨달아야 한다. 모든 거절을 피할 수는 없지만 그것을 받아들이는 각자의 태도에 따라 자신의 영업은 180도 다르게 나타날 것이다.

그렇다면 거절을 효율적으로 다루기 위해서는 어떤 마음가짐이 필요할까?

우선 "모든 사람은 동등하다" 라는 진리를 가능한 한 빨리 깨달아야 한다. 사회적 지위가 높고 나이가 많고 부자인 고객에게, 보통의 설계사들은 소극적인 자세를 취하기 쉽다. 그 사람보다 가진 것이 적거나, 사회적 신분이 낮다고 판단한 데서 비롯하는 심리이다. 이러한 심리적인 작용은 사람에 대한 두려움을 증폭시킨다.

생각해 보라. 부자나 특정 분야 전문가들도 모두 한 집안의 가장이고, 남편이고 동시에 아이들의 아빠이다. 부부간, 부모 · 자식 간의 갈등도 존재할 것이다. 그들도 고민거리가 있고, 어쩌면 경제적인 어려움에 봉착해 있을 수도 있다. 사람은 나름대로 각자의 다양한 고민거리가 있다. 세상에 걱정이 없고, 근심이 없는 사람이 어디 있겠는가? 이처럼 직업과 처해진 상황만 서로 다를 뿐, 모두 평범한 사람들이다. 다만 그들은 사회적으로 좀 더 인정받고 있고, 또 사람들에게 대접받기를 바라기 때문에 그 점만 좀 더 신경쓰고 다가가면 되는 것이지, 그 이하도 이상도 아니다. 결론적으로 고객에게 낮은 자세로 다가가야 할 이유는 없는 것이다. 오히려 고객에게 자신없고 낮은 자세로 다가가면 다가갈수록 스스로 푸대접을 받기 위해 노력하는 것임을 알아야 한다. 마냥 겸손하고 약한 모습보다는 당당하고 자신감 있게 행동하면 더 많은 신뢰를 받을 수 있다는 것을 잊지 마라.

이처럼 사람은 모두 동등하다! 사실, 저자도 이러한 진리를 깨닫는 데 수년이 걸렸다. 돈 많은 고객일지라도, 나이가 많은 고객일지라도, 사회적으로 존경받는 직업을 가진 고객일지라도, 보험에 대해서만은 설계사보다 전문가가 될 수 없다. 보험 전문가이기 때문에 보험에 관해서는 상대가 누구든지 상관없이 그들을 당당하게 리드해야 하는 것은 아주 당연한 일이다. 물론 성공한 고객에 대한 존경은 필요하다. 하지만 존경하는 마음과 소극적인 태도는 완전히 다르다.

실패와 거절이 일어날 확률은 모든 설계사에게 동일하게 적용된다. 하지만 그것을 받아들이는 태도에 따라 결과는 완전히 달라진다.

거절에 대한 공포가 영업의 전체적인 실패로 연결되게 해서는 안 된다. 이처럼 거절을 필요 이상으로 확대 해석하는 것은 거절을 제대로 이해하지 못하는 데서 오는 현상이다. 사실 거절은 극복해야 할 대상도 아니다. 영업을 하다 보면 거절보다 더 크게 극복해야 할 도전이 있는데 바로 자신과의 싸움이다.

루즈벨트 대통령은 이렇게 말했다.

"이 세상 누구도 당신의 허락 없이 당신에게 열등감을 느끼게 할 수 없다."

거절 때문에 당신이 열등감을 가질 필요는 전혀 없고, 거절 때문에 영업을 운에 맡겨서는 안 된다. 영업은 수많은 'NO'로 시작된다는 점을 잊지 마라.

연봉 3,000만원과 월봉 3,000만원

"겁이 없어서 황소와 싸운다면, 그건 아무것도 아니다. 그리고 겁이 나서 황소와 싸우지 않는다면, 그것 또한 아무 것도 아니다. 하지만 겁이 나는데도 황소와 싸우는 것은 대단한 일이다."

— **로버트 링거**(『액션』의 저자)

자신을 용기 있는 사람이라고 생각하는가? 도전하는 삶을 사는가? 아니면 변화를 싫어하고 지금의 생활을 유지하고 싶은 욕구가 강한가?

이 세상에는 나보다 더 어려운 상황에 있는 사람들이 많이 있기 때문에 지금 현실에 만족하며 사는 것이 미덕이라고 생각하는가? 그리고 당신의 아이들에게 이렇게 교육하고 있는가?

사람은 본능적으로 현 상태를 유지하려는 욕구보다 더 많은 것을 가지려는 욕구가 더 강하다고 한다. 이와는 반대로 변화를 시도

하기보다 현실에 안주하려는 심리 또한 강하다. 이처럼 어떨 때는 본능에 충실해야 하고 때로는 본능에 반하는 선택을 때와 장소에 따라 다르게 해야 하는 고달픈 과정이 반복되는 것이 삶이다.

이와 관련해 사람들은 누구나 남들과 다르게 살고 싶어하는 욕구는 강한 데 반해, 그렇게 살기 위해 치러야 할 대가는 두려워한다. 즉, 욕구는 강하지만, 행동으로 옮기기는 싫어한다는 말이다. 영업은 전화하고 방문해야 하는 직업이다. 이렇게 하지 않으면 성과도 없다는 것은 당연한 인과관계이다. 어떤 이는 아무런 기대를 하지 않는 것이 잃을 것도 없기 때문에 마음 편하다고 생각할지도 모른다. 하지만 이는 단순한 말장난에 지나지 않는다.

사람은 태어날 때 모두 동등한 생명의 가치를 가진다. 하지만 살면서 인간의 가치는 달라지게 된다. 세상에는 미남과 추남이 동시에 존재한다. 강자와 약자도 동시에 존재한다. 남을 도우면서 사는 자와 남에게 피해를 주면서 사는 자도 공존하고 있다. 동시대를 살아가는데도 앞서가는 자와 뒤쳐지는 자가 함께 있다. 이러한 차이는 필연적인 것이며, 자기 삶을 얼마나 사랑하는가, 삶을 어떠한 노력으로 발전시켜 나가는가에 따라 이같은 차이가 나는 것이다.

앞서가는 자들은, 뒤쳐지는 자들이 하기 싫어하거나 두려워하는 일을 하는 사람들이다. 그들은 남들과 다르게 생각하려고 노력하며, 남들과 같은 일을 하더라도 더 잘하기 위해 더 많은 고통을 감수한다. 한마디로 스스로 평범하기를 매우 싫어하는 사람들이다.

이러한 삶의 태도를 가진 사람은 하루하루가 발전의 연속이다.

영업을 하면서도 마찬가지이다. 매일 도전하는 설계사의 영업 커리어는 시간이 갈수록 평범한 설계사와의 차이가 점점 커져, 결국 두 사람은 경쟁할 수 없는 상태에 이른다. 뒤쳐진 사람은 스스로 이렇게 위안한다.

"애초부터 저 친구는 나와 다른 종류의 사람이었어."

이 말은 자신이 열등하다는 것을 스스로 인정하고픈 변명에 지나지 않는다.

사람은 잘하지 못하는 일은 본능적으로 피하려는 습성이 있다. 왜냐하면 익숙하지도 않고 잘할 자신도 없고 두려워하기 때문이다. 힘들고 어렵다고 해서 자신을 바꾸려는 노력을 게을리하면 할수록, 자신의 삶은 그저 그런 것이 되어 버린다. 이것은 바꿀 수 없는 사실이다. 그래서 인생역전을 꿈꾸며 많은 사람들이 복권에 열광하는 것인지도 모르겠다.

당신은 어떠한가? 남들과 다른 인생을 살고 싶어 영업직에 도전했는가? 아니면 어릴 적부터 가슴에 품어온 소중한 꿈을 포기한 채 사는가? 당신의 인생이 소중하다고 생각하는가? 그렇게 소중한 당신의 인생을 위해 어떠한 노력을 하는가?

성공을 위해 노력하는 행동에 제동이 걸리더라도 결코 멈추거나 다른 생각을 해서는 안 된다. 멈추거나 다른 생각을 할 만큼 삶은 그렇게 여유롭지 않다. 왜냐하면 열정적으로 일할 시간이 너무나 짧기 때문이다. 30대 초중반부터 가장 열정적으로 20년을 일한다고 해도 실제 일에 몰입하는 시간은 10년이 되지 않는다. 하루 12시간 이상 지속적으로 일할 수는 없지 않은가. 따라서 짧은 시간을 어떻게 잘 활용하는가에 따라 전체 삶이 결정된다.

보험 영업은 어떤 일보다 열정과 창의성, 도전정신이 넘쳐야 큰 결과를 기대할 수 있는 직업이다. 도전하는 사람의 눈은 두려움과 용기로 범벅이 되어 있다. 하지만 가슴에는 항상 희망으로 가득 차 있다. 도전하는 사람은 언제나 깨어 있다는 느낌을 주위 사람들에게 준다. 도전하는 사람은 끊임없이 진화를 시도한다.

미국의 어느 큰 부자가 이런 말을 했다.

"내게 큰 성공을 가져다 준 일들, 그 일들을 처음 시작할 때 나는 죽고 싶을 만큼 두려웠다."

도전하라. 매일 쉬지 않고 달려야 한다. 그러한 생활이 생활의 일부가 되어 익숙해지는 그날까지……. 그때가 되면 도전하지 않는 단조로운 생활을 하는 주위 동료들을 보고 있노라면 측은한 마음이 들 것이다.

성공의 5% 법칙

전체 100개의 빵 중 5개를 95명이 나눠 가지는 것과 95개의 빵을 5명이 나눠 가지는 것의 차이이다. 어떤 생각이 드는가? 만약 이것을 수입에 적용한다면 5% 안에 드는 설계사와 밖에 있는 설계사의 수입 차이는 약 360배 정도이다!

부자들에게 질문을 했다. 부자가 좋은 이유가 무엇이냐고. 이에 대한 그들의 대답은 "소수이기 때문"이었다.

이탈리아의 경제학자 빌프레도 파레토1848~1906가 소득분포 통계조사로 밝혀낸 현상이 파레토 법칙이다.

이탈리아의 상위 20%의 사람이 나라 전체 부의 80%를 점유하고 있다는 사실에서 출발했는데, 오늘날 이 이론은 소득분야에만 국한되는 것이 아니라, 복잡하고 다양한 사회현상과 조직의 인적자원을 설명할 때 가장 많이 활용되는 이론이 되었다.

개미 세계에서도 20:80의 법칙이 적용된다고 하니 놀랍기만 하다. 모든 개미가 열심히 일하는 것 같지만 실제로 관찰해 본 결과, 그중에서 20%만이 실제적인 먹이 활동을 하고, 나머지는 목적 없이 마냥 다니기만 한다고 한다.

그리고 상위 20%의 개미들을 따로 분리해 놓으면 변함없이 열심히 먹이 활동을 한단다. 하지만 나머지 80%의 개미 집단에서는 자동적으로 또 다른 20:80의 법칙이 성립된다고 하는데, 남은 조직의 생존을 위해 어쩔 수 없는 선택이라고 한다.

보험 영업에서는 이 법칙이 실제로 어떻게 적용되는지 살펴보는 것도 흥미 있을 것 같다.

생명보험 영업을 하는 설계사들은 MDRT라는 클럽에 대해서 잘 알고 있을 것이다. 쉽게 말하자면 내가 MDRT 회원이라면 최소 억대 연봉자의 대열에 속해 있다는 뜻이다. 생명보험 업계에서 명예의 전당인 MDRT는 설계사라면 누구나 한 번쯤은 도전하게 되는 목표이다. 이 클럽에 들어가면 전 세계 생명보험 설계사들 중 상위 5%에 든다는 뜻이기도 하다.

그렇다면 파레토 법칙은 보험 산업에 어떤 식으로 적용하면 좋을까? 보험사마다 다소 차이는 있겠지만, 실제로 전체 보험사 설계사의 상위 5%가 전체 실적의 약 70% 이상을 한다고 한다. 만약 MDRT를 기준으로 두 부류로 나눈다면 우리가 알고 있는 20:80의 법칙이 아니라, 5:95로 구분될 것이다.

다른 산업에 비해 보험 산업에서 파레토의 법칙은 더욱 냉정해 보인다.

그런데 설계사들에게 이것이 왜 중요한 의미인지를 알아보자. 보험 산업에서 파레토 법칙이 의미하는 바는 전체 100개의 빵 중 5개를 95명이 나눠 가지는 것과 95개의 빵을 5명이 나눠 가지는 것의 차이이다. 어떤 생각이 드는가? 만약 이것을 수입에 적용한다면 5% 안에 드는 설계사와 밖에 있는 설계사의 수입 차이는 약 360배 정도이다!

실제로 영업 현장에 가보면 1등과 꼴찌의 연봉 차이가 수십 배

혹은 수백 배가 나고 있음을 쉽게 볼 수 있다. 월 수입이 100만 원도 안 되는 사람이 있는가 하면 1억 원이 넘는 사람도 한 사무실에서 일하고 있다.

이러한 현상을 두고 마냥 불공평한 현실이라고만 말할 수는 없다. 능력과 노력에 따른 차이인 것이다. 현실은 너무나 냉정하다. 노력과 도전으로 많이 가지는 자와 체념과 포기로 가질 것이 없는 자의 차이는 너무나 가혹하다.

대다수의 신입 설계사들은 스스로 '정말 열심히 하겠다' 는 다짐으로 일을 시작한다. 이 다짐을 지속적으로 영업활동에 적용하느냐에 따라 영업의 커리어가 결정되는 것임을 알지 못한 채 말이다. 즉, 이와 같은 다짐을 자기 일에 지속적으로 적용하느냐 하는 의지력은 보험 영업의 성공에 빼놓을 수 없는 요소이다.

95%의 입장에서는 이러한 현상이 공평하지 않다고 불평할 수도 있다. 하지만 5%의 입장에서는 아주 당연한 현상이라고 말할 것이다. 중요한 것은 95%에 들어갈 것인지, 5%에 들어갈 것인지는 자신이 결정한다는 점이다.

이렇듯 각자의 태도와 의지에 따라 불공평을 공평으로 얼마든지 만들 수 있는 것이 영업의 세계이다.

하루를 마치며 오늘 나는 20%의 영역에 있었는지 아니면 80%의 영역에 있었는지 생각해 보기 바란다. 하루를 어떻게 보냈는가에 대한 보상은 다른 사람이 아닌 바로 자신이 받는다. 열심히 노력한 대가를 남들에게 빼앗길 염려는 전혀 없다.

모두에게 공평하게 주어진 기회를 어떻게 활용하느냐는 전적으로 자신에게 달려 있다. 또한 인생을 성공으로 이끄냐도 자기에게 달려 있다.

Time Management (시간관리는 이렇게 하라)

"당신의 모든 달걀을 한 바구니에 담아라. 그리고 그 바구니를 지켜봐라."
"집중해서 쏘아라. 인생의 커다란 성공은 집중에서 나온다." — 앤드류 카네기

우리는 효율성과 창의성이 매우 중요한 시대를 살고 있다. 얼마나 오랜 시간 일을 하느냐보다는, 얼마나 효율적으로 일을 하고 얼마나 생산적으로 일을 하느냐가 더욱 중요한 시대에 살고 있는 것이다. 따라서 사회적으로 얼마나 높은 생산성을 창출하느냐는 인간생활의 모든 영역에서 매우 중요한 이슈가 되고 있다.

과거 영업에서는 최대한 많은 고객을 자주 방문하는 것이 영업의 가장 중요한 전략이라고 여겼다. 부지런히 움직이면 고객이 그 성실함에 반해서 호의를 베풀 수 있다는 기대를 하면서 방문했던 것이다.

이제는 이러한 고전적인 방식으로는 한계가 있음을 빨리 깨달아야 한다. 오늘날에는 설계사의 부지런함만으로는 고객이 의사결

정을 하는 데 결정적인 영향을 주지 못한다. 고객은 자기에게 이익이 되지 않으면 그 설계사와의 관계가 특별하다고 해도 지갑을 열지 않으려 하기 때문이다.

따라서 설계사는 단순히 판매에만 집중하기보다 전문적이고 체계적인 상담능력을 갖추어야 하고, 고객이 무엇을 요구하고 필요로 하고 있는지 정확하게 짚어낼 수 있어야 하며, 이를 바탕으로 고객의 눈높이를 맞출 수 있어야 한다.

고객의 요구는 점점 더 까다로워지고 있다. 이러한 현실을 반영이라도 하듯이 요즘 설계사들은 전문가가 되려고 많은 노력을 한다. 이러한 흐름은 앞으로도 지속적으로 진행할 것이다. 선진국에는 전문 설계사에 대한 진입장벽이 매우 높다고 한다.

부지런함과 효율성은 개념에서 차이가 있다. 물론 효율적으로 부지런하게 움직인다면 가장 이상적이겠지만 효율성이 떨어지는 부지런함은 생산성이 낮을 수밖에 없다.

앤드류 카네기는 이렇게 말했다.

"당신의 모든 달걀을 한 바구니에 담아라. 그리고 그 바구니를 지켜봐라." "집중해서 쏘아라. 인생의 커다란 성공은 집중에서 나온다."

영업을 하는 설계사도 모든 계란을 한 바구니에 집어 넣어야 한다. 즉, 영업에만 집중하라는 뜻이다. 모든 역량을 오직 영업에만 집중해야 한다. 최선을 다한 뒤 그 계란이 어떻게 부화하는지 지켜 보기만 하면 된다. 큰 성공을 했고 오늘도 성공을 만드는 설계사는 자신의 역량을 한 곳에 집중하는 사람이지, 두세 가지 일을 동시에 하는 사람이 결코 아니다. 즉, 그들은 멀티플레이어가 아니다. 영업과 다른 일을 동시에 하면서 둘 다 성공하려는 생각은 현실화하기 어려운 시도를 하는 것이다.

설계사들의 활동량을 관찰해 보면 일반적으로 영업의 초기1~2년 사이에 가장 활발하다가 점점 저하됨을 알 수 있다. 활동량이 적어지는 반면 효율성이 높아져야 하는데, 일반적으로 대다수의 설계사는 그렇지 못한 것 같다. 즉, 초기에 지인들에게 의존한 영업을 주로 하다가 갈 곳이 없어지게 되면, 거리로 나와 유망고객을 찾아 다니는 영업 방식에서 벗어나지 못하고 있는 실정이다.

저자는 영업을 시작한 지 3～4년이 지난 무렵, 시간을 효율적으로 관리하는 것의 중요성을 깨닫고 기존 전략을 대폭 수정했다. 오랜 시간 일한다고 해서 효율성까지 높아지는 것은 아니기 때문이었다. 하지만 비슷한 활동량을 유지하고 매번 비슷한 방식으로 고객을 방문하는 것이 쉬워 보여도 웬만한 자기 통제력 없이는 지속하기 힘들다. 또한 이것만으로는 성장하는 데 한계가 있다.

그래서 한 단계 더 도약하기 위해서는 시간관리를 획기적으로 할 필요가 있다는 생각이 들었다. 결국, 선택과 집중을 해야 한다는 결론이다.

매주 4일 동안은 집중해서 일하고 나머지 시간은 자율적으로 보내되, 일이 아닌 가족과 보내려고 노력했다. 월요일은 사무실에 있는 시간이 많았는데 주로 새로운 한 주에 대한 업무 전략과 계획을 세우고, 유망고객 발굴을 위해 전화를 하는 데 많이 할애했다. 물론 영업 일수가 적기 때문에 남들보다 훨씬 집중해서 일해야 하는 것은 기본이다.

그리고 매월 영업 마감이 30일이라고 했을 때, 그보다 일주일 빠른 21일쯤으로 개인적인 마감을 했다. 21일부터 다음달 21일까지를 업무주기로 삼았다.

이렇게 하면 한 달 동안의 공식적인 영업 일수는 16일이 된다. 그런데 결과는 놀라웠다. 시간량이 많이 줄었음에도 오히려 성과는 두 배 이상 높아졌다.

얼마나 오랜 시간 일을 하는가보다 어떠한 방법으로 집중해서 일을 하는가가 더욱 중요하다는 것을 알게 된 중요한 계기였다.

한 사람을 만나더라도 형식적인 만남이 아니라 가급적 깊은 이야기까지 서로 주고받을 수 있는 만남을 하려고 노력했다. 짧은 시간에 많은 사람을 만난다는 것에 대한 의미를 축소하고픈 의도는 아니다. 시간보다 고객과 더 깊이 있는 관계를 형성하는 것이 일에 더 큰 도움이 되었다는 것을 말하고 싶을 뿐이다.

사실 이렇게 시간관리를 조정한 가장 큰 이유는 몇 년간 영업에 종사하면서 기존 영업 방식의 효율성에 의문을 품어 왔기 때문이다. 기존의 시간관리 방식으로는 생산성을 원하는 만큼 끌어올리기가 불가능하다고 판단했다.

일하는 시간을 줄이는 동시에 생산성을 높이는 능력을 키우는 것이 핵심 역량이라고 판단했다. 전문가들은 활용 가능한 전체 시간을 100으로 둔다고 가정하면 사무실 업무시간 20, 상담하는 데 필요한 시간 10, 나머지 70은 유망고객을 발굴하는 것에 시간을 활용하는 것이 가장 이상적이라고 권고한다. 하지만 개인적인 차이가 존재하기 때문에 일반적인 기준으로 제시하기는 어려울 수 있다. 그렇지만 유망고객 발굴과 상담을 위한 노력에 가장 많은 시간을 투자한다는 점은 간과하지 말아야 한다.

동료 설계사들의 한 달 사이클을 보면, 30일 마감을 하고 난 뒤, 모두 긴장이 풀려 다음달 첫 주는 그냥 어영부영 흘려 보내기 일쑤였다.

사실상 2주째부터 일을 시작하다 보니 시간 낭비가 이만저만이 아니었다. 며칠간 어영부영하다가 일을 시작하려니 쉽지 않아 보였다. 이런 저런 이유로 시간은 흘러가고 있었다. 그렇게 10일 정도만 보내고 나면, 약 2주 정도되는 영업 일수로 마감을 해야 하는 상황이 빚어진다. 안타까운 사실은 이 같은 현상이 장기간 반복해서 일어난다는 것이다.

매번 스트레스를 받으면서도 개선의 의지가 약하고 개선방법을 잘 모르다 보니 발전이 없는 것이다. 그들은 성과는 높지 않은데 일하는 모습은 매우 바빠 보였다. 일에 대한 생산성이 떨어지면서도 마음의 여유는 더 없어 보였다.

저자는 남들보다 일주일 정도 일찍 마감을 했기 때문에 매달 실적을 안정적으로 유지할 수 있었다. 즉, 남들이 마감을 위해 열심히 영업에 에너지를 쏟을 때, 다음달을 위한 준비를 하고 있었고, 다른 동료들이 마감을 한 뒤 긴장이 풀어지는 첫 주에 영업활동을 활발하게 하고 있었던 것이다. 동료들이 "항상 남보다 빠르군요", "첫 주부터 활발하게 영업활동을 하니 마감 때 걱정이 없겠어요"라는 말을 많이 했는데, 그때마다 그들에게 시간관리에 대한 계획을 수정해 보라는 충고를 했다.

돌이켜 보면 이러한 단순한 변화가 얼마나 많은 이득을 준지 모른다. 똑같이 주어진 시간을 활용해 남들보다 몇 배나 높은 생산성을 장기간 유지한다는 것은 매우 흥미로운 현상이다. 반복해서 말하지만, 남들보다 두 배의 수입을 올리기 위해서 내가 치러야 할 대가는 두 배의 노동 강도가 아니라 조금의 노력과 창의성이면 된다.

결론적으로 말하면 영업 현장에서는 시간관리가 성과를 결정한다. 일을 나름대로 열심히 하고 있는데도 좋은 성과를 내지 못하고 있다면, 기존의 영업 관행을 반성해 보는 시간을 가져 보는 것이 좋다. 시간이라는 주어진 자원을 어떻게 효율적으로 영업활동에 적용하는가에 따라 많은 차이가 남을 꼭 알아야 한다.

남들보다 높은 생산성을 원한다면, 훨씬 여유 있는 영업활동을 원한다면, 한층 더 깊이 있는 영업활동을 원한다면, 지금까지의 영업 패턴을 획기적으로 바꿔보라. 영업에서 조금의 변화는 변화하지 않겠다는 말과 같다. 진정한 변화를 원한다면 지금 당장 100% 변화해야 한다. 물론 현실에서 막상하려고 하면 쉽지 않을 것이다. 그만큼 변화는 어렵다. 그렇다 해도 변화하기로 결심했다면 과감하게 실행하라.

효율적인 시간활용은 설계사들에게 특히 중요하므로 지속적으로 점검하고 개선해야 하는 사항이다.

프로들은 일을 매우 효율적으로 하지, 일을 오랜 시간 하지 않는다. 그래서 시간을 어떻게 활용해야 하는지에 대해 지속적으로 연구하고 관리할 필요성은 매우 중요하다.

시간이 중요하다는 것은 누구나 잘 알고 있다. 하루 24시간은 세상 어느 누구에게나 동일하게 주어진다. 그렇기 때문에 어떠한 불공평도 없다. 같은 시간을, 일의 생산성을 높이기 위해 어떻게 활용해야 하는지는 각자의 몫이고 선택이다. 이제부터라도 자기 시간을 더욱 적극적으로 관리할 방법을 찾아보길 바란다.

10명 중 9명이 포기한다 vs 10명 중 1명만 성공한다

"도전하는 데는 횟수 제한이 없고, 끈기를 발휘하는 데는 특별한 교육을 받거나 자격증을 취득하거나 기술을 익혀야 할 필요가 없다. 끈기는 행동에 필요한 가장 중요한 덕목이다."

— 로버트 링거

"믿음이 없다면 우리는 매일 엄청난 운명 속에 홀로 남겨질 것이다. 그리고 운명은 우리를 패배시킬 것이다. 나는 암에 걸리기 전에는 천천히 우리를 찾아오는 세상의 부정적인 것들에 맞서 매일 어떻게 싸워야 하며, 또 슬금슬금 밀려오는 냉소주의에 맞서 매일 어떻게 살아가야 할지를 제대로 알지 못했다. 갑작스럽게 찾아온 병이나 격변하는 인류 최후의 날이 아니라, 낙담과 실망, 그것이 바로 내 인생의 진정한 위험이었다."

암을 극복하고 세계 사이클 대회를 6번이나 제패한 인간승리의 표본인 랜스 암스토롱. 어떠한 어려움에도 결코 포기하지 않고 자신의 한계를 뛰어넘어 목표를 향해 끝까지 도전하고 성공한 인간의 위대함을 보여준 사람이다.

어떤 일을 처음 시작할 때에는 항상 새로움에 대한 기대가 있기 마련이다. 계획한 대로 일을 할 수 있길 바라고, 미래가 바람직한 방향으로 발전했으면 하는 기대, 궁극적으로는 '자신만의 이상적인 목표' 에 도달할 수 있기를 바라는 것을 말한다.

하지만 현실과 이상의 차이는 꽤 크게 느껴질 때가 많다. 특히 일을 하는 동안 예상하지도 못한 현실적인 문제들로 인해 처음의 의욕이 꺾이는 때가 그렇다. 사람은 이상과 현실의 차이가 크고 높다는 것을 통감할수록 더욱 큰 좌절감에 빠진다.

사람의 행복지수는 기대 수준에 얼마만큼 도달했는지의 비율이라고 한다. 이에 따르면 행복지수를 높이는 방법은 두 가지이다. 하나는 기대하는 수준을 낮추는 것이고, 다른 하나는 성취 가능한 수준을 높이는 것이다. 이런 측면에서 생각해 보면 행복지수와 삶의 수준은 별개인 것 같다.

자신이 원하는 대로 일이 잘 풀리지 않는 경우가 자주 발생하면 영업을 정상적으로 진행하기가 어렵다. 그렇다고 쉽게 포기할 수 있는 것도 아니다. 사실 포기는 시작하는 것보다 더 어려운 문제이다.

특히 설계사들에게는 이러한 현상이 자주 발생한다. 영업을 하는 동안 사소한 사건부터 큰 위기까지 갖가지 고난을 반복적으로 겪다 보면 의욕은 저하되기 마련이다. 이때 가장 필요한 것은 자신에 대한 강한 동기부여이다.

영업을 하면서 자기가 원한 대로 일이 진행되지 않음을 자주 경험하게 되면 기로에 서게 될 수도 있다. 이때 어떤 이는 더욱 분발해 노력할 것이고, 어떤 이는 의지가 약해져서 사기가 꺾일 것이다. 후자의 경우에는 시간이 갈수록 점점 더 깊은 악순환에 빠지는 경향이 강하다. 일을 할수록 잘 풀리지 않는다는 생각이 빈번하게 들게 되고, 처음 가졌던 일에 대한 비전도 차츰 상실하게 된다. 이러한 현상이 반복적으로 장기간 진행되다 보면 '포기' 라는 생각이 머릿속을 지배하기 시작한다.

포기하고픈 마음이 한번 들기 시작하면 갈수록 그 빈도가 잦아지는 특성이 있다. 점점 더 자신의 환경에 대해 불만이 많아지게 되고, 수입도 점점 적어지게 되니, 일과 생활에 대한 불만은 점점 쌓여가게 된다. 생각과 마음에도 흐름이 있다. 긍정적이고 발전적인 흐름을 유지하려고 노력하는 사람은 갈수록 일이 잘 되는 반면, 부정적이고 회의적인 생각에 사로잡히는 사람은 갈수록 일이 꼬이게 된다. 나쁜 곳으로 생긴 흐름을 되돌리는 일은 무척이나 어렵다.

영업을 하는 것이 얻은 것보다 잃은 것이 많다는 생각이 들게 되면 문제는 걷잡을 수 없이 흐르게 된다. 처음 시작할 때의 힘찬 포부와 기대는 그 짧은 시간 동안 모두 사라져 버리고 이렇게 된 것에 대한 핑계를 만들어내기 시작한다. 자신이 아닌 다른 사람이나 환경에 책임을 전가함으로써 위안을 삼는다. 이런 과정의 최종 종착점은 '포기' 이다.

간절히 원하던 좋은 직장에 다니면서 스트레스받지 않고 일할 행운을 잡게 될 가능성은 많지 않다.

남이 보기엔 좋아 보이는 꿈의 직장을 다니고 있는 사람들도 많은 어려움과 고통을 느껴 다른 직장을 찾아 떠나는 경우도 흔하다. 큰 기대를 하고 시작한 일인데 단지 힘들어서, 수입이 낮아서(열심히 하지 않은 결과), 하던 일을 포기하고 다른 일을 찾아 나서는 사람들의 공통점은, 다른 일을 하더라도 또 다른 변명거리는 반드시 생기고, 그러면서 성공할 가능성은 점점 더 낮아진다는 것이다. 이런 부류의 사람은 성과에 따라 평가받는 업무가 아닌 다른 업무를 하는 것이 오히려 낫다. 저자는 '포기' 를 쉽게 생각하는 사람들에게 질문하고 싶은 것이 있다.

“정말 최선을 다해서 열심히 일해 보았는가?”

만약 이 질문에 “그렇다”고 대답한다면 어쩔 수 없겠지만, 대부분의 경우는 그렇지 않을 것이기 때문에 안타까운 마음이 많이 든다.

얼마나 열심히, 치열하게 노력했는가에 따른 보상을 받는 일이 보험 영업이다. 애초부터 보험 영업이라는 것이 이런 일이라는 것을 알고 시작했다면, 자신이 할 수 있는 최고의 노력은 반드시 시도하는 성의는 보여야 한다. 최선을 다하지 않은 사람들을 보면 대부분 그 원인을 외부로 돌린다. 포기하게 된 이유가 자신보다 다른 것에 더 많이 있다는 논리를 펴는 것이다.

생각해 보면 설계사라는 직업은 다른 어떤 일보다 다양한 기회를 공평하게 제공한다. 자기가 한 것보다 더 많은 보상을 받는 일임에도 스스로 노력하지 않아서 보상받지 못하는 결과를 불평하는 것은 앞뒤가 맞지 않는다.

사람들이 잘못 알고 있는 것 중에, 영업은 적성에 맞아야 한다는 말이 있다. 하지만 영업의 성과는 적성보다는 노력한 양과 더 큰 상관관계가 있다.

영업을 길게 하든 짧게 하든 잘하고 싶다는 마음이 간절하다면, 먼저 자신의 삶에 대한 애착과 자신을 사랑할 줄 아는 마음을 먼저 가져야 한다. 자신을 누구보다 사랑하고 자신의 삶이 소중하기 때문에 어떤 일을 하더라도 잘하고 싶은 마음이 드는 것이다. 일이 아니라 자신의 시간이고 생활이기 때문에 소중한 것이다.

따라서 영업이 애초부터 적성에 맞지 않았다는 이유로 포기하는 것은 핑계에 지나지 않는다. 자신에게 하는 변명일 뿐이다. 누구나 영업을 할 수 있고, 누구나 성공할 수 있다. 꼭 성공하겠다는 마음으로 영업을 선택했는데 열심히 하지 않아서 발생한 어려움으로 포기해 버린 사람은 자신의 삶을 사랑하지 않는 것과 마찬가지이다.

누구나 어려운 상황을 회피하고 싶은 마음은 가지고 있다. 하지만 자신의 삶이 진정으로 소중하고, 성공하고픈 마음이 강렬하다면, 포기란 있을 수 없다. 아무리 어렵더라도 어떤 태도로 임하느냐에 따라 결과는 완전히 달라지기 때문이다. 사람이 살면서 겪는 많은 어려움들은 사람이 이겨낼 수 있는 만큼의 어려움이라는 것을 생각해 볼 필요가 있다.

어떤 신입사원이 이렇게 말한 적이 있다. "저는 많은 돈을 벌고 싶습니다. 그리고 억대 연봉을 가능한 한 빨리 이루고 싶습니다."

"그렇다면 그것을 위해 어떠한 대가를 치를 준비가 되어 있나요?" 하고 묻자 그는 머뭇거렸다.

세상에 공짜는 없다는 것을 가능한 한 빨리 깨닫는 사람이 현명한 판단을 할 가능성이 높다. 영업은 노력한 만큼 보상을 받는 직업인데, 노력한 것보다 더 많은 보상을 원하거나, 남들이 하지 않는 일을 자신도 하지 않으면서 기대만 많이 하고 있으니, 이상과 현실의 간격이 좁혀지지 않는 것이다. 이러한 간격을 가장 확실히 줄일 수 있는 방법은 알고 있는 것을 반복적으로 실천하는 것밖에 없다.

일이 쉬운 만큼 보상도 적게 따른다. 남들이 하지 않은 일을 하고, 남들이 어려워 포기한 일을 해내면 뿌듯함과 성취감은 말로 표현하기 힘들다.

포기라는 말은 인생의 목표를 향해 달려가는 사람에게 최대의 적이다. 포기를 자주 하는 사람은 포기라는 말이 가지는 무서움의 의미를 알지 못한다. 습관이 되어 버린 자신의 행위를 더욱더 강하고 완벽한 핑계로 자신을 정당화하려고 하기 때문이다.

제2차 세계대전을 이기고 난 뒤 당시 영국의 수상이던 윈스턴 처칠이 웨일즈의 어느 대학교 졸업식 축하 연설을 하게 되었다. 연설 장소에는 처칠의 연설을 듣기 위해 전국에서 수만 명의 군중들이 모여 있었다.

처칠은 연상에 들어섰고, 많은 사람들은 처칠이 어떤 말을 할까 모두 숨을 죽이고 집중했다. 드디어 처칠이 연설을 시작했다.

"여러분 절대, 절대, 절대 포기하지 마시길 바랍니다."

이 말이 그 연설의 전부였다.

제2차 세계대전 당시, 독일군의 폭격에서 폭탄 1개가 런던 시에 떨어질 때마다 시민이 평균 3명씩 죽었다고 한다. 많은 정치인들이 항복하기를 강하게 주장했고, 처음엔 처칠의 편이던 사람들조차 상황이 힘들어지자 하나둘씩 처칠의 뜻을 반대하기 시작했다. 시간이 지날수록 초조함과 절망감이 점점 커지자 모든 사람이 처칠에게 항복할 것을 주장했다. 그렇지만 처칠은 "내 사전에 포기라는 단어는 없다"고 말하며 결코 포기하지 않았다. 상황이 점점 더 어렵게 돌아가자 자신의 믿음이 크게 흔들릴 때도 있었으나, 그래도 결코 포기는 하지 않았다. 결사적인 항전을 거듭했고 마침내 포기한 쪽은 독일군이었다.

진정한 승리는 자신의 내면에서 오는 것이다. 남들이 모두 포기하라고 하더라도 자신이 포기하지 않는 한 결코 포기한 것이 아니다.

영업을 하면서 일이 뜻대로 되지 않을 때 포기하고 싶은 마음이 얼마나 들겠는가? 그럴 때마다 약한 연민에 빠지기보다는 자신을 더욱 강하게 단련하는 좋은 기회로 삼아야 한다. 크고 작은 시련을 겪지 않고는 성장할 수 없고, 이러한 시련을 극복하지 않고는 어떠한 성공도 할 수 없다.

낭떠러지 끝으로 자신을 몰아넣어라. 더 이상 물러날 때가 없는 상황에서 유일하게 할 수 있는 것은 독한 마음으로 그 상황을 정면 돌파하는 것이다. 정말 죽을 만큼 열심히 했는데도 안 되면 그때 포기해도 늦지 않다. 강한 정신력은 성공을 위한 핵심적인 요소이다. 자신을 매번 시험대에 올려 놓을 수 있는 도전정신을 갖길 바란다. 이렇게 함으로써 조금씩 더 강한 사람이 될 것이다. 올림픽의 금메달 목표는 극한의 노력없이는 이룰 수 없다.

모두 각자의 인생에서 금메달을 원하고 있지만 그 목표를 이루기 위해 노력하는 과정을 싫어하는 것은 아이러니가 아닐 수 없다. 인생의 파도가 거칠수록 당신은 강해질 것이다. 포기만 하지 않으면 당신의 일은 계속 진행이 되고 있다는 사실을 잊지 말자.

로버트 링거가 한 말의 진정한 의미를 되새겨 보길 바란다.

"도전하는 데는 횟수 제한이 없고, 끈기를 발휘하는 데는 특별한 교육을 받거나 자격증을 취득하거나 기술을 익혀야 할 필요가 없다. 끈기는 행동에 필요한 가장 중요한 덕목이다."

테크닉이 좋은 설계사 vs 태도가 반듯한 설계사

실제로 어떤 거래를 할 때 거래 상대방의 무례함이나 예의 없는 언행은 다른 어떤 잘못보다도 상대방의 기분을 순식간에 상하게 만들어 버린다.

보험 영업은 맨투맨 비즈니스이다. 기본적으로 사람과의 관계에서 이루어지기 때문에 좋은 이미지나 바른 예절은 기본이고 핵심이다. 사람과 직접 부딪쳐 경험하기 전에는 매번 어떤 일이 일어날지 알 수 없기 때문이다.

따라서 설계사가 먼저 올바른 매너로 상대를 맞이해야 하는 것은 당연한 태도이다.

실제로 어떤 거래를 할 때 거래 상대방의 무례함이나 예의 없는 언행은 다른 어떤 잘못보다도 상대방의 기분을 순식간에 상하게 만들어 버린다. 일단 이런 일이 일어난 뒤에는 어떤 노력을 한다 해도 거래가 더 진행되기는 어렵다. 상품이 고객에게 얼마나 많은 이익을 주는가 하는 이점도 중요하지만 사소한 실수, 특히 기본적인 예의를 어기는 것은 거래에 치명타가 된다.

영업을 하다 보면 본의 아니게 고객과 분쟁을 일으키는 경우가 있다. 이런 경우 설계사가 잘못했는지, 아니면 고객이 잘못했는지는 중요하지 않다. 설사 설계사가 고객과의 사소한 분쟁에서 이긴다 하더라도 아무런 의미가 없기 때문이다.

따라서 판매를 위한 다양한 전략과 방법을 연구하는 것도 중요하지만 상대방에 대한 올바른 예의를 먼저 고려하는 것이 순서이다. 고객과의 분쟁도 알고 보면 설계사의 사소한 실수에서 발생하는 경우가 대부분인데, 이러한 실수의 대부분은 예의와 관련있다는 사실이 중요하다.

설계사들을 교육하다 보면 교육생들 중에 일부는 무례한 행동을 서슴없이 하는 경우가 있다. 문제는 그러한 무례한 행동을 한 뒤에도 자신이 무엇을 잘못했는지 자각하지 못한다는 점이다.

개인의 다양성은 존중받아야겠지만, 무례함까지 존중받길 원해서는 안 된다. 영업을 하면서 고객에게 예의 없는 행위를 하고서도 그것을 상대방 탓으로 돌리거나, 상대방이 먼저 잘못했기 때문에 자신의 행위가 정당하다고 주장하는 설계사가 있다면, 영업을 잘할 수 있을지 의문이다.

특히 상담을 거의 다 잘하고도 사소한 잘못이나 실수로 마지막 계약을 성사시키지 못하는 경우가 종종 있다. 만약 이러한 실수가 예절에 관한 것이라면 고객의 마음을 되돌리기란 정말 어렵다. 실제로 이와 비슷한 경험이 있는 설계사라면, 이 말이 무슨 의미인지 잘 알 것이다.

입장을 바꿔 생각해 보라. 무례한 설계사에게 상품을 구입하고픈 고객이 얼마나 있겠는가?

이러한 실수를 예방하기 위해 가장 필요한 사항은 고객을 대할 때 당신이 먼저 마음의 문을 열고 순수하게 다가가야 한다는 점이다. 고객의 심리는 매우 보수적이고 방어적이다. 설계사를 만나기 전에 마음의 문을 닫고 있는 경우가 대부분이기 때문에 그들의 마음을 조금이라도 빨리 열기 위해서는 설계사가 먼저 열어야 한다.

따라서 이러한 고객의 심리를 사전에 충분히 인지하고, 고객의 마음의 문을 열어 서로 의미 있는 대화를 나누는 것에 역량을 집중할 필요가 있다.

영업의 세계에서는 특이한 현상이 일어나기도 한다. 예를 들어 높은 성과를 내기 위해 설계사가 갖추어야 할 덕목이 열 가지 있다고 하자. 열 가지 중 아홉 가지는 평균보다 잘하는데 한 가지는 평균보다 떨어지는 설계사가, 영업을 하는 동안 그 한 가지 때문에 아홉 가지의 장점을 크게 발휘하지 못하는 경우가 있다. 반면 열 가지 중에 한 가지만을 탁월하게 잘하는 설계사가, 이 한 가지 장점으로 남들보다 뛰어난 성과를 올리는 경우도 있다. 즉, 부족한 한 가지 때문에 잘하는 아홉 가지까지 끌어내리는 현상과, 한 가지를 특별히 잘해 부족한 아홉 가지까지 끌어올리는 현상이 동시에 일어난다.

가족이 산책을 한다면 누구의 걸음걸이에 속도가 맞춰질까? 그렇다. 바로 걸음이 가장 느린 사람이다. 따라서 10명 중 가장 늦은 한 사람의 걸음걸이가 조금만 빨라지면 전체의 속도는 빨라진다.

이처럼 예의는 앞에서 말한 부족한 한 가지이고, 남들보다 잘하는 한 가지인 것이다.

어려운 때일수록 기초에 충실하라고 했다. 예의가 없고 무례한 설계사가 성공했다는 말을 들어보지는 못했을 것이다. 만나는 대상이 누구인가가 중요한 것이 아니다. 중요한 것은 누구를 만나더라도 예의 있는 태도로 대하면 고객의 마음을 빨리 열 수 있다는 점이다. 잊지 말자. 예의!

디테일(Detail)에서 승부가 결정된다

영업의 성공은 작은 행동의 지속적인 반복에 달려 있다.

고객의 마음은 갈대와 같다. 고객은 사소한 것에 쉽게 감동하는 반면 사소한 것에 쉽게 서운해한다. 평소에 당신이 의식하든 못하든, 당신이 만나는 고객은 당신을 유심히 관찰한다. 아주 세심한 것까지도. 고객은 자기 앞에 있는 설계사가 어떤 말을 하는지, 옷차림은 어떠한지, 태도는 어떠한지, 이미지는 어떠한지 관찰한다.

그렇기 때문에 고객을 만나기 전에 가능한 한 외모나 태도에 신경을 많이 써야 한다. 하지만 이 사실을 많은 설계사들이 자각하지 못하고 있는 듯하다.

영업을 하는 사람들이 왜 값 비싼 옷을 입을까? 결론부터 말하면 고객 때문이다. 영업만큼 상대방을 많이 의식해야 하는 일도 없다. 보이는 외모에서부터 마음가짐에 이르기까지 정말 많은 것을 신경써야 하는 직업이 영업이다. 좋은 옷을 입고, 향 좋은 향수를 뿌리는 것이 자신을 위해서가 아니다. 이 모든 것이 고객을 위해서이다.

비싸고 좋은 옷을 입으면 기분부터 달라진다. 좋은 기분은 태도나 행동에 직접적인 영향을 준다. 좋은 기분은 만나는 상대방에게도 쉽게 전이되어 서로의 기분에 긍정적인 영향을 미친다.

한 실험에서, 어떤 사람에게 누추한 옷을 입혀 호텔 로비에 있는 직원에게 1달러를 달라고 했더니, 바로 쫓겨났다고 한다. 이번엔 반대로 같은 사람에게 비싸고 좋은 옷을 입혀 같은 것을 요구했더니 순순히 돈을 주었다고 한다. 이처럼 단순히 어떻게 보이느냐조차도 상대방에게 많은 영향을 미친다는 것을 알 수 있다. 따라서 외모가 크게 중요하지 않다고 생각하는 것보다는 최대한 상대방에게 호감을 줄 수 있도록 노력할 필요가 있다. 사소한 것까지도 신경쓰는 설계사는 그렇게 하는 것이 영업에 긍정적인 영향을 미친다는 것을 경험을 통해 누구보다 잘 알고 있기 때문이다.

고객을 화나게 하거나 서운하게 해서 득될 것은 하나도 없다. '섬세한' 설계사라면 고객의 성향이나 특성을 잘 파악할 뿐만 아니라, 고객의 기분이나 기호까지도 파악해 영업에서 유리한 상황을 만들어 나간다. 사소한 말이나 행동을 대수롭지 않게 여길지 모르지만, 효과는 생각보다 강력하다는 점을 간과하지 말았으면 한다.

영업을 세련되게 잘하는 설계사들은 옷 입는 것에서부터 말 한마디 하는 것까지 상대방에게 좋은 느낌을 전달하기 위해 많이 노력함을 알 수 있다.

어떤 설계사는 고객을 만난 뒤에는 반드시 우편엽서를 통해 만남에 대한 느낌과 감사의 표시를 전달해 고객에게 좋은 이미지로 기억되도록 노력한다.

또 어떤 설계사는 계약을 체결한 후, 또는 체결하지 못했더라도 고객이 보여준 성원에 감사의 편지를 보내고, 다음 만남이나 지속적인 인연을 위해서 최대한의 노력을 쏟는다. 그리고 상담할 때 어떠한 태도가 고객에게 호감을 주는지 고민하고 그것을 적극적으로 연출함으로써 고객의 마음을 잡으려고 노력한다.

즐거움을 주는 설계사, 도움을 주는 설계사로 고객에게 기억되기 위해 연구하고 노력하라.

고객이 필요한 것이 무엇인지 항상 깊이 고민하고 연구해 고객을 만날 때마다 그것을 과감하게 실천하라. 작은 것에도 많은 신경을 쓰고 상대방을 배려하는 설계사라는 이미지를 고객에게 심어 줄 필요가 있다.

하나의 사소한 행동을 하더라도 어떻게 하는 것이 고객의 입장에서 유리한가에 대해 고민해 보라. 상담 도중 고객이 불편해하거나 어려워하는 부분이 있으면 그것을 알아차리고 현명하게 대처할 수 있도록 노력하라. 자연스러운 관계에서 좋은 결과를 얻을 수 있음을 알고 고객에게 보험상품을 무리하게 강요한다거나, 불합리한 제안을 하지 않도록 주의해야 한다.

영업을 하면 할수록 사소한 것 하나에도 많은 관심을 두는 것은 지극히 정상이다. 고객을 배려하는 따뜻한 말 한마디로 감동을 줄 수 있다. 영업을 하면서 만나는 다양한 사람들이 친구, 선·후배의 관계로도 발전하기도 하는데, 이것은 설계사가 얼마나 많은 노력을 하는가에 달려 있다.

무더운 여름 어느날, 시간 내기 어려워하는 고객을 만나기 위해 시원한 캔커피 하나를 손에 들고 방문한 적이 있는가? 작은 것이라도 고객의 상황을 배려하고 고객이 감동할 만한 일을 찾아 시도해 보라.

고객이 마음을 편안히 하도록 배려하라. 외모에도 늘 관심을 가지고 변화를 주어 당신의 스타일이 변했음을 고객이 먼저 인식할 수 있도록 하라. 태도와 마음을 반듯하게 해 고객의 기분을 불필요하게 자극하는 일이 발생하지 않도록 하라. 설계사의 세련미가 자신보다 떨어진다거나 차림새가 좋지 않다고 느끼면, 고객은 대화하고 싶은 마음이 들지 않는다. 최대한 짧은 시간 내에 좋은 관계를 형성하고 싶다면 고객에게 좋은 느낌을 주는 데 집중하라.

작고 사소한 것에도 관심을 가지고 배려하면 고객의 마음을 쉽게 사로잡을 수 있다. 영업은 보이지 않는 작은 배려의 지속적인 반복이다.

자존심과 보험 영업은 어떤 관계가 있을까?

자존심이 강하고 노련한 설계사는 자신의 자존심에 상처를 받지 않는 방법의 핵심적인 행위가 먼저 고객을 존중하는 것임을 누구보다 잘 알고 있고, 이것을 영업에 충실히 적용하는 사람이다. 고객을 진정으로 존중하는 것이 자신을 존중하는 것임을 알고 있는 것이다.

세계 최고의 영업 전문가인 지그 지글러는 이렇게 말했다.

"최고의 세일즈맨은 영업에 성공할 때마다 자신의 파워와 능력을 재확인할 수 있고, 영업에 실패할 때마다 자존심에 타격을 받기 때문에 매번 영업에 성공하려 노력한다."

영업과 자존심은 어떤 상관관계가 있는 걸까?

만약 어떤 설계사가 최선을 다해 상담을 잘 이끌었지만, 고객이 최종적인 단계에서 거절했다고 생각해 보자.

이런 상황에서 설계사마다 대처하는 방법은 다양하겠지만, 자존심이 강한 설계사는 쉽게 물러나지 않으려 할 것이다. 왜냐하면 영업을 자신의 자존심과 연관시키고 있기 때문이다. 그 설계사는 고객이 자신의 말을 듣지 않아 손해를 볼 것이라고 안타까워할 것이다. 그 계약을 성사시키지 못해 자신이 잃는 이익을 아쉬워하기보다 고객이 자신의 제안을 받아들이지 않았기 때문에 자존심 상해한다.

이처럼 자존심이 강한 설계사는 매 상담에 자신의 자존심을 건다. 때로는 대단한 승부근성이 발동하기도 한다. 심지어 상담을 성공으로 이끌지 못하면 괴로워하기도 한다. 그들은 자존심이 상처받는 것을 두려워해 원하는 결과를 이끌어내기 위해 더욱 많은 준비와 열정으로 고객을 만나는 것이다. 매번 이러한 노력을 함으로써 영업력은 상승한다. 이러한 노력은 지점과 회사에서 자신의 위상을 높이고 유지시키는 아주 좋은 방법이다. 그들은 영업에 이러한 노력을 기울이는 것이 자존심에 상처를 받는 것보다 더 쉽다고 생각한다. 남들보다 더 잘해야 한다는 강박관념과 동기부여로 자신을 채찍질하는 것이다. 자신이 원하는 수준만큼 결과가 나오지 않으면 심한 스트레스를 받는다. 이렇게 매번 끝이 없는 자신과의 싸움을 한다. 이것이 톱 셀러들이 장기간 성공할 수밖에 없는 이유이다.

그들에게 성공적인 상담이란 계약체결만을 의미하지는 않는다. 설사 계약성사가 실패했다 하더라도 최선을 다했다는 생각이 들면, 만족하고 자신을 위로하는 여유도 가지고 있다. 영업은 단 한 번의 승부로 결정나는 것이 아니기 때문이다. 매번의 경험은 다음 영업을 더 성공적으로 이끌어 줄 수 있는 좋은 경험이기 때문에 매우 소중하다.

자존심이 강한 설계사는 영업을 단순히 생계유지 수단으로 생각하지 않는다. 자신이 하는 일을 성공적으로 하는 것이 삶을 성공적으로 일궈 나가는 것이라고 믿는다. 이들은 어떤 일을 하더라도 최선을 다해 노력하는 성향이 강한 사람이다.

자존심이 강하고 노련한 설계사는 자존심에 상처를 받지 않는 핵심적인 방법이 고객을 먼저 존중하는 것임을 누구보다 잘 알고 있고, 이를 영업에 충실히 적용하는 사람이다. 고객을 진심으로 존중하는 것이 자신을 존중하는 것임을 아는 것이다.

자존심이 강하고 노련한 설계사들은 거절을 도전할 대상으로 받아들인다. 고객의 강력한 거절은 이들을 더욱 일에 집중하게 하는 자극제이다. 사소한 거절에 민감하게 반응해 자신의 전체 영업을 망치지 않으려 노력하며 더 큰 안목으로 영업에 임한다. 전체적인 큰 흐름을 보는 안목이 뛰어나고 작은 부분까지 치밀하게 고려해 상대방을 배려할 줄 안다.

당신은 자존심이 강한 사람인가? 그렇다면 당신의 자존심을 동료나 고객에게 어떻게 표현하는가? 무엇이 진정한 자존심이라고 생각하는가?

강한 자존심은 자신이 하고 있는 일을 통해서 증명해 보일 수 있어야 한다. 자존심은 일을 통해 하나씩 만들어 가는 것이다. 강한 자존심은 영업 성과에 긍정적인 영향을 미친다는 것을 잊지 말자. 강한 자존심은 성공적인 영업에 필수 요소이다.

1900년 7월에 독일의 심리학자 린데만Lindemann은 작은 요트 한 척에 몸을 싣고 혼자서 파도가 몰아치는 대서양으로 나갔다. 그는 역사상 전무후무한 실험에 도전해 '자신감의 힘' 을 증명해 보이려 했다.

당시 독일 전역은 이 '대서양 단독 횡단' 이라는 도전과제에 관심이 쏠려 있었다. 이미 100명이 넘는 도전자들이 대서양 횡단을 시도했으나 모두 실패했고, 살아 돌아온 사람은 아무도 없었다.

린데만에게도 항해 중 여러 차례 죽음의 순간이 닥쳐왔다. 그래서 '절망' 을 경험하기도 했다. 하지만 그는 다시 일어나 큰 소리로 자신을 꾸짖었다. "이 겁쟁이야, 너도 다른 사람들처럼 되고 싶냐? 여기서 고기밥이 될 테냐? 그렇지 않지! 너는 꼭 성공할 수 있어!" 천신만고 끝에 그는 결국 도전에 성공했고, 역사상 최초로 '대서양 단독 횡단' 에 성공한 영웅으로 기록되었다.

당신이 하는 일이 바로 당신의 자존심임을 잊지 말기 바란다.

마시멜로 스토리

"20년 뒤를 생각해 보라. 당신은 지금 한 일보다 하지 않은 일 때문에 더 후회하고 있을 것이다."

— 마크 트웨인

미국의 스탠포드 대학에서 심리 실험을 했다. 4살짜리 아이에게 달콤한 마시멜로를 주고 15분만 참으면 하나 더 주겠다고 했는데, 600명 아이 가운데 400명이 참지 못하고 먹어버렸다. 15년 뒤, 추적조사를 해봤더니 마시멜로의 유혹을 참아낸 아이들은 모두 성공적인 인생을 살고 있었다. 『마시멜로 이야기』를 쓴 호아킴 포사다 박사는 이렇게 말했다.

"이같이 평범한 진리를 실천하는 사람과 그렇지 않은 사람의 차이가 바로 삶의 성공과 실패의 차이이다."

성공한 사람과 실패한 사람의 명확한 차이 중에 하나는 삶의 원칙을 세워 스스로 절제할 수 있는 능력이 있느냐, 없느냐이다.

당장의 행복과 쾌락을 중요하게 생각하는 사람은 절제하는 것이 너무나 어렵다. 반면, 미래의 삶을 최소한 지금만큼 중요하게 생각하고 준비하는 사람은 스스로 적당한 통제를 하면서 매사를 멀리 보고 판단하려 노력한다. 내일을 위해서 힘들더라도 오늘을 희생할 줄 안다.

절제력이 약한 사람들은 현재의 소비가 미래의 소비보다 더 중요하다고 생각한다. 이들은 오늘이 내일보다 더 중요한 순간이라고 믿는다. 다가오지 않은 내일에 대해서 미리 걱정하고 힘들어할 필요가 없다고 생각한다.

오늘과 내일은 서로 반대되는 개념이 아니라 서로 의존적이고 보완적인 관계라는 사실을 인식할 필요가 있다. 오늘 받는 보상은 어제 열심히 일한 결과이다. 오늘 열심히 노력하는 것은 내일을 위해서이다.

그렇다면 영업에서 절제가 왜 중요할까? 그 이유는 이렇다.

첫째, 일에 집중할 수 있게 한다.

둘째, 자기관리를 잘 할 수 있게 한다.

셋째, 낭비를 하지 않게 한다.

넷째, 점점 발전하는 모습을 느낄 수 있게 한다.

다섯째, 결론적으로 더 큰 성공을 할 수 있게 한다.

고객들은 오늘을 희생해 미래에 더 나은 보상을 받을 수 있다는 기대를 하기 때문에 보험에 가입한다. 보험은 당장의 편안함과 쾌락보다 미래의 안정과 행복에 더 큰 의미를 부여하는 성격의 상품이다. 따라서 현명한 사람은 현재의 삶이 중요하듯이 미래의 삶도 중요하다는 것을 잘 알고 있기 때문에 미래를 적극적으로 준비하려 한다.

현재의 소비를 중요하게 생각하는 사람은 저축보다 소비를 많이 함으로써 시간이 갈수록 자신이 쓸 수 있는 돈은 점점 적어지게 된다. 반대로 지금의 소비를 일부분 줄이고 그 돈으로 저축을 하는 사람은 당장의 소비는 줄어들지 모르지만 시간이 갈수록 소비할 수 있는 여력은 커지기 때문에 전체적으로 보면 더 많은 소비를 할 수 있다. 왜냐하면 소비에는 시간이나 위험에 대한 수익률이 존재하지 않지만 저축에는 시간이나 위험에 대한 수익률이 존재하기 때문에 시간이 지날수록 더 많은 금액이 쌓이는 것이다. 즉, 더 많은 소비를 원한다면 더 많은 절제를 해야 한다는 결론에 이른다.

최근에 타계한 세계적인 월가의 투자가 존 템플턴은 생전의 생활을 이렇게 회상했다.

"열아홉 살 때부터 매달 버는 돈의 50%를 저축하기로 아내와 함께 결심했다. 물론 그렇게 하기 매우 어려웠던 달도 많았다. 수입이 너무 적어 50%를 빼내는 것이 거의 불가능했을 때가 인생의 가장 결정적인 순간이었다."

또한 투자의 귀재 워렌 버핏은 말했다.

"저축하고 투자하라, 그리고 또 저축하고 투자하라."

그래서 그는 자동차도 없이 20년을 살았다고 한다. 자동차를 살 돈이 없어서가 아니라 자동차 1대의 값이 10년, 20년 뒤에 가져다 줄 가치 때문이었다고 한다.

이러한 보험의 진정한 의미를 고객에게 효과적으로 전달하기 위해서는 먼저 자신의 생활이 절제되어 있는 것이 중요하다. 절제를 통해 직접 느끼고 배우는 것들을 고객에게 생생하게 전달할 때 서로 깊이 있는 대화를 할 수 있고, 고객은 그러한 설계사의 논리와 통찰력에 감동하게 된다.

경험해 보지 못한 것에 대한 느낌을 전달하려 노력하는 것보다 경험에 입각한 스토리는 사람들의 공감을 쉽게 이끌어낼 수 있다. 더욱 확신에 찬 믿음과 논리가 전제되어야만이 고객을 올바른 길로 안내할 수 있다는 뜻이다.

삶에 있어 절제는 미덕이고 영업에 있어 절제는 성공을 위한 연금술이다.

부자가 소수인 것과 마찬가지로 영업을 잘하는 사람도 소수이다. 모두가 잘할 수는 없다. 결정적인 차이는 바로 아는 것과 실천하는 것의 차이이다.

마크 트웨인은 말했다.

“20년 뒤를 생각해 보라. 당신은 지금 한 일보다 하지 않은 일 때문에 더 후회하고 있을 것이다.”

“내가 예전에 그렇게 했더라면 지금의 내 삶은 달라져 있을 텐데” 라는 후회는 실패한 사람들이 자주 하는 말이다. 생활하면서 발생하는 다양한 유혹을 지속적으로 뿌리친다는 것이 결코 쉬운 일은 아니다. 하지만 절제를 하지 않고서는 미래를 위한 효과적인 준비를 할 수 없다는 것은 명백한 진실이다.

설계사는 고객에게 미래의 희망을 심어주는 사람이다. 내일의 풍요로움을 전달하는 사람이다. 이웃들에게 준비의 소중함을 전달하는 사람이다. 고객에게 깊이 있는 대화를 하기 바란다면 스스로 먼저 모범을 보여야 한다. 이렇게 중요한 역할을 하는 사람이 자신의 생활을 절제하지 못하고 있다면 어떻게 고객의 동의를 이끌어낼 수 있겠는가?

절제라고 해서 단지 하고 싶은 것을 참는다는 뜻이 아니고 무한한 희생을 말하는 것은 더욱 아니다. 얼마나 자신의 삶을 아끼고 사랑하는가에 대한 실천이다. 절제하는 삶 그 자체가 즐거움이고 희망이다. 왜냐하면 절제를 할수록 자신뿐만 아니라 주위 사람들의 삶에도 긍정적인 영향을 미치기 때문이다. 절제는 자신을 위하는 것이고, 가족을 위하는 것이고, 그리고 이웃을 위하는 선택이다.

이처럼 절제는 자신과 이웃을 사랑하는 하나의 삶의 방식이다. 무엇이든지 자주 시도하고 노력하면 익숙해지는 것처럼 절제도 할수록 익숙해진다. 하기 싫어하는 것을 하려면, 중독된 생활에서 빠져 나오려면 당장은 큰 고통이 따르지만, 노력한 것보다 훨씬 많은 보상을 받을 수 있기에 해야 할 의미와 가치는 충분한 것이다.

성공을 위해 치러야 하는 대가는?

우리는 살면서 두 종류의 고통을 경험하게 된다고 한다. 하나는 스스로 원칙을 실천하다가 느끼는 고통이고, 다른 하나는 그렇게 하지 못한 것을 후회하면서 느끼는 고통이다.

보험 영업은 순전히 자기와의 고독한 싸움이다. 누가 시켜서

하는 일이 아니라 자기 자신의 원칙과 책임 아래 모든 것을 진행해야 하는 일이다. 영업은 업무의 특성상 다른 직종과는 많은 차이가 있는 직업이다. 때로는 CEO의 입장이 되었다가 때로는 종업원의 입장이 동시에 되기도 하기 때문이다. 그리고 일에 대한 주인의식이 굉장히 필요한 직업이 영업이다. 일의 결과에 대한 책임도 분명하고, 평가도 매우 냉정하다.

영업을 어떻게 하면 편하게 할 수 있을까, 어느 환경에서 누구와 하는 것이 좋은가에 대해 고민할 수 있지만, 시간이 지나서 생각해 보면 이러한 요소들은 영업의 결과에 결정적인 영향을 미치지 못한다는 사실을 알게 된다. 이보다 더 중요한 것이 '나는 잘 할 수 있다' 는 자기의 강력한 마인드 컨트롤이다. 일을 하는 동안 자기 자신의 원칙과 기준에 충실해야 하며 그에 따른 결과를 냉정하게 평가 · 반성하고 개선해 나가는 과정이 중요하다. 어떤 일을 하든, 일에 대한 기준이 명확하지 않으면 중요한 판단을 해야 할 경우 주위의 가변적인 상황에 쉽게 휘둘리게 되고, 그렇게 되면 일을 일관성 있게 해 나갈 수 없게 된다.

영업에서 주기적이고 반복적인 활동은 매우 큰 결과를 낳는데 원칙이 매번 변경되면, 체계적인 활동이 불가능해진다. 일에 대한 명확한 원칙이 있고 어떠한 어려움에도 이것을 지키려는 노력은 장기적인 성공을 갈구하는 자신의 의지의 표현이라고 할 수 있다.

이 모든 것들은 스스로 능동적이고 긍정적인 태도를 견지하지 않으면 할 수 없는 것들이다. 이렇게 쉽지 않은 과정을 거치고 성장 · 발전해야 그에 따르는 달콤한 보상을 맛보게 되는 것이다.

영업을 하면서 알게 된 중요한 사실이 하나 있다.

"자신이 한 노동의 강도보다 훨씬 많은 보상이 주어지는 일이 바로 영업이다!"

이 세상에서 가장 힘든 싸움이 자신과의 싸움이라고 한다. 인간이 살아가면서 받는 고통은 충분히 이겨낼 수 있는 만큼의 고통이라고 한다. 당시에는 괴롭고 힘들더라도 시간이 지나보면 그렇게 어려운 것이 아니었음을 자연스럽게 알게 된다. 자신과의 고독한 싸움에서 이기지 못하는 사람은 삶을 원하는 대로 살 수 없다. 자신의 삶에 다른 사람이 관여하게 내버려 둬야 한다는 말이다.

무슨 일을 하든 처음 시작할 때의 마음가짐과 용기라면 어려울 것이 없듯이, 영업을 하는 동안에도 그만큼의 마음가짐과 용기면 충분하다. 시간이 갈수록 점점 약해지는 자신의 의지를 경계해야 한다.

우리는 살면서 두 종류의 고통을 경험하게 된다고 한다. 하나는 스스로 원칙을 실천하면서 느끼는 고통이고, 다른 하나는 실천하지 못한 것을 후회하면서 느끼는 고통이다. 많은 사람들이 자기의 원칙을 실천하면서 느끼는 고통을 피하려 한다. 그러다가 시간이 지나서야 하지 않은 일을 후회한다. 자기 원칙을 지키면서 받는 고통은 지속적이지 않지만 그 대가는 지속적이다.

직업에 따라 성공의 의미도 다르고 실패의 의미도 다르다. 에

베레스트 정상을 오르는 것이 목적인 산악인들에게, 성공은 산 정상을 정복했을 때 자신과의 싸움에서 이겼다는 만족감일 것이고, 반면 실패는 정복하지 못했을 때 자신과의 싸움에서 졌다는 패배감 또는 최악의 경우에는 죽음일 수도 있다. 다행히 영업에서는 실패가 죽음으로 이어지는 일까지는 없다. 어느 분야에서든지 고난 없이 성공을 이루어낸 사람이 없다는 것은 삶의 기본 원칙이다.

볼테르는 이렇게 말했다.

"삶의 길에는 가시가 잔뜩 돋아나 있다. 그러나 가시 가득한 그 길을 헤쳐 나가는 것밖에는 달리 방법이 없다는 사실을 우리는 잘 알고 있다. 가시에 집착하면 할수록 그것은 더 내 살을 파고든다."

살아가면서 발생하는 다양한 시련을 피하려고 하면 할수록 미래에 더 큰 시련이 되어 다가온다는 것을 알아야 한다. 고난은 피해야 할 대상이 아니다. 시련을 극복하는 과정이 쌓여 성공이 된다. 또한 그 당시에는 시련이라 생각했는데 시간이 지나고 보니 시련이 아니었음을 깨달을 때도 있다. 당시에는 힘들고 어려운 순간이라고 생각할지 모르지만, 시간이 지나 생각해 보면 그때가 좋았다고 회상하며 그리워하는 것이 인생이다. 그리고 비슷한 강도의 고통을 경험하다 보면 다음 번의 고통은 크기가 줄어드는 것이 일반적이다.

시련 없는 삶은 있을 수 없다. 단지 그것을 어떻게 대처해 나가느냐에 따라 인생의 길이 달라지는 것이다. 고통이 없는 행복은 존재할 수 없다. 행복이라는 단어는 고통과 균형을 이루지 못했을 때 그 의미를 잃는다. 고통을 경험하지 않으려고 노력하는 것은 의미가 없다. 고통을 삶의 일부분으로 받아들여야 현명한 삶을 살 수 있다. 고통으로부터 배워라. 성장하는 데 밑거름으로 삼으라. 모순되긴 하지만, 삶에서 고통을 줄이려면 고통을 적극적으로 받아들여야 한다.

직장 다니는 사람들은 자영업하는 사람들을 보면서 부러움 섞인 말을 한다. "남이 아닌 자기 일을 하니 얼마나 좋은가." 반대로 자영업하는 사람들은 직장인들을 마냥 부러워하기도 한다. "회사에서 돈이 꼬박꼬박 나오니 얼마나 좋은가."

강 건너 저 멀리 보이는 잔디밭은 마냥 푸르고 아름다워 보이지만, 그 잔디밭에 직접 가 보면 패인 곳도 있고, 벌레도 있고, 가시도 많이 있어 실망한다. 경험해 보지 않고는 알 길이 없는 것처럼 시련이라는 것도 직접 경험해 보지 않고서는 어떻게 해결해 나가야 하는지 알 수가 없다.

영업에서 고객의 거절을 피하면 피할수록, 사람을 만나지 않으면 않을수록, 전화를 하지 않으면 않을수록, 남들보다 잘 할 수 없다는 것은 확실하다. 사람은 하기 싫고 자신없는 일을 피하려는 본성이 누구에게나 존재한다. 하지만 성공하는 사람은 회피하는 것에 익숙한 사람이 아니라 남들이 모두 하기 싫어하고 자신도 하기 싫어하지만, 그래도 시도하는 사람들이었다.

고객을 최후의 승리자로 만들어라

고객에게 제일 큰 이익이 가도록 행동할수록 자신에게도 큰 이익이 돌아온다. 그렇기 때문에 영업을 하면서 망설이거나 소극적이어야 할 이유가 전혀 없는 것이다.

이 세상 모든 사람들이 추구하는 자유는 시간적 자유Time free와 금전적 자유Money free이다. 각자가 처해진 상황에 따라 다르겠지만 일반적으로 대부분의 사람들은 시간적 자유보다는 금전적인 자유를 더 원하고 있을 것이다. 영업에서 열심히 노력해서 성공한다는 것은 금전적인 자유를 말한다.

당신은 돈을 좋아하는가? 자본주의 사회에서는 돈이 없으면 할 수 있는 것이 너무 제한적이다. 돈이 있으면 그것이 없어서 겪어야 하는 어려움과 고통은 피할 수 있다. 돈이 최고라는 뜻은 결코 아니지만 돈이 없어서 불행해지는 일은 최소한 막을 수 있다.

만약 돈이 많은 부모라면 사랑하는 자녀들에게 다양한 교육 기회를 제공할 수 있다. 또 좋은 주거환경에서 생활할 수 있고, 멋진 자동차를 구입할 수도 있다. 돈에 구애받지 않고 마음 편하게 다양한 취미생활을 할 수 있다. 부모님 생신날 용돈도 충분하게 드릴 수 있고, 어려운 이웃에게 따뜻한 사랑의 손길을 전할 수도 있다.

생활이 여유로워진다는 것은 삶의 질이 높아진다는 뜻이다. 준비된 은퇴자와 그렇지 않은 은퇴자의 삶의 수준이 같을 수는 없는 이치이다.

이러한 사실을 먼저 깨닫고 고객과 깊이 공유하는 것은 매우 중요하다. 성공해야 하는 이유를 명확히 아는 사람과 그렇지 않은 사람은, 목적지를 알고 운전하고 있는 것과 모르고 운전하고 있는 것의 차이와 같다. 둘 중에 어떤 사람이 빨리 목적지에 도착할지는 너무나 명확하지 않은가?

우리는 살아가면서 네 종류의 게임을 선택할 수 있다고 한다.

첫 번째는 결과가 양쪽 모두에게 부정적인 영향을 미치는 게임이다. 이러한 게임은 하고 나면 반드시 후회가 따른다. 예를 들면 서로간의 복수나 가족간의 불필요한 감정싸움이 대표적이다. 당연히 양쪽에 모두 큰 상처를 주게 되고 아무런 남는 것도 없이 끝난다. 대부분 감정적인 원인에 기인하는 것으로, 어느 누구에게도 도움이 되지 않는 게임이다.

두 번째는 한 편은 큰 손해를 보고 다른 한 편은 조금의 이익을 보는 게임이다. 한 편에서 입는 손해가 다른 편이 얻는 이익을 월등히 초과하기 때문에 결국 이 둘을 합하더라도 전체적으로는 마이너스가 된다. 상대방에게 많은 손해를 입힌 대가로 한 쪽이 작은 이익을 보는 경우이다. 예를 들면 도박이나 카지노가 대표적이다. 카지노 게임에서는 잃은 사람과 딴 사람의 돈을 합쳐도 100%가 나오지 않는다. 왜냐하면 승률이 조작될 수도 있고, 수수료나 세금, 카지노 종사자들의 월급이 카지노 참가자들의 판돈에서 나오기 때문이다. 즉, 잃은 사람과 딴 사람의 돈을 모두 합쳐도 원금이 되지 않는 게임이다. 그러므로 이 게임에 참가하는 사람들의 최대 수익은 판돈의 합보다 무조건 적게 된다. 보험 영업에도 비슷한 사례가 있다. 설계사가 조그마한 이득을 보려고 고객에게 큰 피해를 입히는 경우이다. 고객의 손해는 설계사의 이득보다 훨씬 크다. 이러한 사례는 주위에서도 쉽게 경험할 수 있다.

세 번째는 제로섬 게임이다. 잘 알고 있듯이, 한 편이 손해를 보는 만큼 다른 한 편이 이익을 본다. 이러한 게임은 쉽게 큰 수익을 올릴 목적으로 많은 사람들이 참가하게 된다. 예를 들면 주식이나 파생금융상품 투자가 대표적이다. 위험을 방지하기 위한 고유의 목적헤징을 벗어나 투기의 수단으로 활용해 이익을 내려고 하기 때문에 큰 위험을 수반하는 경우가 많다. 이것 또한 서로 이익을 주는 게임이라고 보기는 어렵다.

네 번째는 윈-윈 게임이다. 벤담은 '최대 다수의 최대 행복'이 최고의 선이라고 했다. 모든 사람이 승자가 될 수는 없지만 가능한 한 많은 사람들이 행복해지는 것에 의미를 둔 말이다. 최대 다수의 최대 행복의 차원을 뛰어넘는 게임은 바로 하면 할수록 서로 도움이 되는 윈-윈 게임이다. 이 게임의 특징은 어느 누구도 피해를 보지 않는다는 것이다. 이 게임은 '모두' 승자가 되는 가장 이상적인 게임이다.

잘 알고 있듯이, 보험 영업은 양쪽에 모두 이익이 되는 일종의 윈-윈 게임이다. 올바른 영업은 고객과 설계사가 함께 윈-윈하는 것이다. 그리고 고객에게 제일 큰 이익이 가도록 행동할수록 자신에게도 큰 이익이 돌아온다. 그렇기 때문에 망설이거나 소극적이어야 할 이유가 전혀 없다.

영업을 잘하는 비결은 고객들의 고충을 찾아 풀어주는 것이다. 이때 고객에게 이익의 우선 순위를 두는 것이 매우 중요하다. 이렇게 하는 것이 결국 가장 자신을 위한 것이기 때문이다. 단순한 것 같지만, 이러한 태도는 평소 마음 깊이 인식하고 있지 않으면 고객에게 제대로 표현조차 하지 못한다.

영업을 잘하고 싶은가? 고객에게서 더 많은 고객을 소개받고 싶은가? 그렇다면 고객의 이익을 가장 중심에 두고 모든 행동을 하라. 이는 설계사 자신에게 달려 있다. 이러한 행동은 자신뿐만 아니라, 가족과 주위 사람들에게도 긍정적인 영향을 미친다. 이렇게 함으로써 자신도 성공할 가능성이 높아지고, 그 성공으로 주위 사람들에게 긍정적인 영향을 미칠 수 있기 때문에 큰 의미가 있는 것이다.

높은 성과를 내고 싶은 욕구는 영업하는 사람이라면 누구에게나 있다. 하지만 단순히 높은 성과만을 위해 맹목적으로 움직인다고 되는 것이 아니다. 최고의 성과를 내야 하는 명확한 이유를 먼저 가지길 바란다.

영업은 말 많은 사람보다 내성적인 사람이 잘한다

많은 생각을 한 사람만이 창조적인 성과물을 만들어낼 수 있다. 성공가도에 오를 수 있을 정도로 효율적인 생각을 하는 사람은 10~12%에 불과하다고 한다. 그 이유는 대부분의 사람들이 머릿속에서 제대로 준비하지 못하기 때문이다.

어떤 보고서에 의하면 영업에 잘 맞는 성격은 내성적인 사람이라고 한다.

사람들은 일반적으로 영업사원 하면 '듣기 좋은 소리만 하는 사람, 아부 잘하는 사람, 물건을 파는 사람, 고객은 왕이라고 외치는 사람, 뺀질거리는 사람, 말 많은 사람, 믿지 못할 사람, 스트레스를 많이 받는 사람, 고객에게 부담 주는 사람' 등을 떠올린다. 대부분이 부정적인 의미를 가진 말들이다. 영업에 대해 일반 사람들이 생각하는 이러한 고정관념을 깨지 못하면 영업에서 결코 성공할 수 없다는 말을 앞에서도 했다. 그렇다면 당신은 이러한 고정관념을 깨기 위해 어떠한 노력을 하고 있는가?

회사의 입장에서 영업을 해야 하는가? 아니면 고객의 입장에서 영업을 해야 하는가? 간단한 질문이지만 영업을 하는 동안 이것에 대한 설계사의 명확한 태도가 매우 중요하다. 그리고 이것에 대한 믿음을 실제 영업에서 행동으로 증명해 보일 수 있어야 한다. 고객의 입장에 서서 영업을 한다는 것은 결코 쉬운 일이 아니다. 자신보다 상대방을 많이 이해하고 생각하려는 태도가 역지사지이다. 당연히 고객은 회사의 입장에서 일하는 설계사보다 고객의 입장에서 일하는 설계사를 더 원하고 있다. 누구보다도 고객이 원하는 것을 잘 해줄 수 있는 설계사가 누구보다도 우선해 고객의 선택을 받을 수 있음을 뜻한다. 고객들이 설계사를 만나기 꺼려 하고, 결정하기를 꺼려 하는 이유는 손해 보기 싫어하는 심리 때문이다. 고객은 회사 편에 있는 설계사라고 판단하게 되면 고객의 이익보다는 회사의 이익을 위해 일하는 사람으로 본다.

고객은 설계사의 태도에 진실성이 없어 보이거나, 이용당한다는 인상을 받게 되면 곧바로 거부반응을 보인다. 고객의 이러한 마음을 충분히 이해하고, 고객의 시선에 높이를 맞추려고 노력해야 한다. 이러한 과정이 바로 영업임을 잊어서는 안 된다.

설사 이러한 태도가 단기적으로 고객의 선택을 받지 못할 수 있을지언정 궁극적으로는 반드시 고객들에게 선택을 받는다는 확신을 가져도 무방하다. 그리고 고객의 이익을 먼저 생각하는 마음으로 다가간다면 고객은 그 마음을 반드시 알아챌 것이다. 진실하고 신중한 태도는 어떤 식으로든 전달이 되는 법이다.

이처럼 고객을 이해하려고 노력하는 태도는 아주 중요하다. 일을 하면서 다양한 사람들을 만나고 다양한 경험을 한다. 그들의 입장과 관심이 무엇인지 이해하려면 그들의 편에서 먼저 충분한 생각을 해야지 가능한 것이다. 모든 사람들을 자신의 틀에 맞추려 하면 할수록 그들을 이해하는 일은 요원한 일이 되는 것이다.

『신념의 마력』의 저자 클로드 브리스톨Claude M. Bristol은 이렇게 말했다.

"사고는 모든 부와 모든 성공과 모든 물질적 소득과 모든 위대한 발견 및 발명과 모든 성취의 근원이다."

자신이 하고 있는 일에 대해 남들보다 더 깊은 생각을 해야 함은 당연한 것이다. 보험 영업에서 이와 같은 사고는 고객을 진정으로 위할 줄 아는 지혜로 귀결된다.

고객이 무엇을 원하는지, 고객을 위해 무엇을 준비해야 하는지 정확하게 이해하기를 원한다면 고객의 입장에서 생각하고 또 생각하고 또 생각하길 바란다. IQ가 일정한 테스트를 통해 지적인 사고를 측정하는 것이라면, EQ는 창조적 사고를 측정하는 것이라 할 수 있다. 좌뇌가 이성적인 능력을 관장하는 곳이라면, 우뇌는 감성적인 능력을 관장하는 곳이다. 영업을 잘하는 사람들은 대부분 좌뇌보다 우뇌를 많이 활용하는 사람들이다. 깊은 고민에서 나온 해결안은 고객의 다양한 거절을 가장 확실하게 없애는 무기가 될 수 있다.

소설 『에덴의 동쪽』East of Eden을 쓴 존 스타인 벡은 이렇게 말했다.

"인간만이 유일하게 창의적인 작업을 할 수 있고, 창의적인 수단을 가지고 있다. 인간의 고독한 정신과 마음이 그것을 가능하게 한다. 둘이서는 결코 창조적인 작업을 할 수 없다. 음악, 미술, 수

학, 철학, 어느 분야에서건 훌륭한 팀 작업은 없다. 팀은 창조라는 기적이 이미 일어난 뒤에 그것을 확대하고 발전시킬 수는 있지만, 절대 창조는 할 수 없다. 고독한 정신은 인간에게 가장 귀중한 자산이다."

많은 생각을 한 사람만이 창조적인 성과물을 만들어낼 수 있다. 성공가도에 오를 수 있을 정도로 효율적인 생각을 하는 사람은 10～12%에 불과하다고 한다. 그 이유는 대부분의 사람들이 머릿속에서 제대로 준비하지 못하기 때문이라고 한다.

당신의 몸값은 얼마인가?

자신의 삶에 대한 가치를 높이기 위해 많은 노력을 하는 것은 자신의 선택에 따른 결과를 책임지는 자세이다. 발전하기 위해 노력하는 과정은 유한하지만 결과는 영원하다.

'변호사 출신 ○○씨 · 전직 치과 의사 ○○씨 · 외교관 출신 ○○씨, 보험회사에 입사', '보험시장에 전문직 러시' 등 최근에는 이러한 내용의 기사들이 신문지면에 자주 등장한다.

시간이 갈수록 직업에 대한 고정관념의 벽이 많이 허물어지고 있음을 실감할 수 있는 기사들이다. 이러한 현상은 직업을 선택할 때 과거에 '체면' 體面을 중요하게 생각하던 풍토에서 시간이 지나감에 따라 '실리' 實利로 변해 가고 있음을 말해 주고 있다.

또한 직업에 대한 고정관념과 사회구조의 변화에도 그 원인이 있다. 요즘 사람들은 자신의 인생을 무엇보다 소중하게 생각하는 경향이 강하다. "침묵은 금이다"라는 말이 크게 통용되던 시절에는 남들 앞에 나서서 무엇을 적극적으로 하는 것을 부정적으로 생각하는 경향이 많았지만, 요즘은 오히려 그와 반대이다. 적극적으로 자신을 알리기 위해 많은 노력을 한다. 기업, 대학, 병원 할 것없이 모두 홍보에 안간힘을 쏟는 모습을 볼 수 있다. 이러한 현상은 시간이 갈수록 점점 활발해질 것이다.

앞으로는 보험 영업 시장에도 전문화 바람이 불 것으로 보인다. 산업화 시대에 전문 엔지니어들이 각광을 받았다면, 21세기 선진국 시대에는 금융직 전문가들이 최고의 대우를 받을 것임이 분명하다.

보험 영업에는 다른 직업보다 매력이 많다. 금전적인 측면, 시간 활용적인 측면, 인적 네트워킹 측면에서도 개인의 노력 여하에 따라 다양한 혜택을 누릴 수 있고, 그 어떤 직업보다 사회생활을 적극적으로 할 수 있어 짧은 시간에 다양한 경험을 할 수 있다는 측면에서도 영업은 다른 직업보다 매력 있다.

그렇다면 기회비용이라는 측면에서 보험 영업을 생각해 보자. 삶은 선택의 연속이다. 우리는 모든 선택을 동시에 할 수 없는 경우가 많다. 어떠한 판단을 내릴 때에는 시간적 제약, 금전적 제약, 상황적 제약이 항상 따르기 때문이다.

기회비용이란, 주어진 조건하에서 어떤 것을 선택했다면 그 선택을 함으로써 포기한 것의 가치를 말한다. 예를 들어 지금 취업을 하면 3,000만원의 연 수입을 올릴 수 있다. 그런데 취업을 하지 않고 유학을 떠났다면 유학의 기회비용은 3,000만원이 되는 것이다. 이 사람이 유학을 결심한 이유는 3,000만원이라는 연 수입보다 유학의 가치가 더 높다고 판단했기 때문이다. 우리는 살아가면서 매번 선택의 순간을 맞이해야 하기 때문에, 그때마다 올바르게 판단하는 것은 매우 중요한 일이 아닐 수 없다.

이러한 선택에 따른 비용의 문제는 우리의 인생을 180도 바꿔 놓을 수도 있다. 매번 올바른 판단을 내리는 것이 쉽지 않기 때문이다. 중요한 사실은, 선택할 당시의 비용도 중요하지만, 그 선택의 미래 가치도 반드시 생각해 봐야 한다는 점이다. 즉, 선택할 당시의 기회비용보다 중요한 것은 그 선택의 미래 가치를 따져 보는 것이다. 그리고 이 미래 가치는 자신의 노력에 따라 커질수도, 작아질 수도 있다는 점도 중요하다.

그렇다면 지금까지 영업을 하면서 당신이 한 수많은 선택에 대한 결과는 어떤가? 그리고 보험설계사를 직업으로 선택한 것에 대한 기회비용은 얼마나 될 것 같은가? 그리고 후회하지 않은 선택을 했다는 결론에 이르기 위해 지금 얼마나 많은 노력을 하고 있는가? 과거에 어떤 일을 했든 간에 현재 설계사로 살고 있다면 자신의 선택에 따른 가치를 높이기 위해 노력하는 것이 중요하다. 그래야 시간이 흐른 뒤에도 후회를 최소화할 수 있기 때문이다.

통상적으로 기회비용의 크기가 클수록 위험도 크기 때문에 하는 일에 대해 큰 책임감을 가질 가능성은 커진다. 선택에 대한 기회비용이 크다는 말은 중도 포기에 대한 비용도 크다는 말이다. 반면 선택에 대한 기회비용이 작으면 중도 포기에 대한 비용도 작아지게 된다. 따라서 기회비용이 높지 않은 선택을 한 설계사일수록 쉽게 포기하는 경향이 많다. 선택에 대한 책임감과 비용의 크기를 결정하는 것도 다름이 아닌 본인의 의지에 달려 있다.

일반적으로 기회비용이 큰 선택을 한 사람일수록 책임감과 의지가 강하다. 큰 비용이 드는 선택을 했기 때문에 그 비용을 초과해야 한다는 의지와 목표가 높다. 새로운 선택에 따르는 기회비용은 그들의 인생에서 매우 중요한 의미를 띠기 때문에 누구보다 많은 노력을 하게 만드는 원천이 된다.

반면, 하루 종일 집에서 빈둥거리는 사람이 있다고 하자. 생산적인 면에서 이 사람의 기회비용은 그다지 크지 않다. 이 사람이 영업을 하게 된다면 기대하는 수준은 크지 않을 가능성이 높다. 이러한 사람들이 기대하고 있는 허황된 꿈이나 높은 기대를 기회비용으로 착각해서는 안 된다. 기대와 목표가 높다고 모두 성사되는 것은 아니기 때문이다. 선택에 대한 비용은 허황된 기대의 크기에 좌우되는 것이 아니라, 현재 자신의 선택에 대한 비용과 그 선택이 가지는 미래 가치의 합이다. 목표와 기대의 높고 낮음보다 중요한 것은 자기가 선택한 것에 얼마나 책임의식을 느끼고 노력하느냐이다.

결론적으로 말하면, 자신의 기회비용을 매번 높여야 한다. 한

달이라는 시간을 활용해 창출한 가치가 얼마인가? 일 년이라는 시간을 투자해 얻을 수 있는 결과는 어느 정도인가? 매년 기대와 결과가 높아지고 있는가? 아니면 떨어지고 있는가?

이처럼 자기의 삶에 대한 가치를 높이기 위해 많은 노력을 하는 것은 자신의 선택에 따른 결과를 책임지는 자세이다. 발전하기 위해 노력하는 과정은 유한하지만 결과는 영원하다. 그리고 어떤 목표를 이루기 위해 도전하는 자세와 기울이는 노력은 어떤 식으로든 보상받게 되어 있다.

어떤 설계사가 방황하고 있을 때, 어떤 설계사는 할 수 있다는 신념으로 열심히 고객을 찾아 다니며 땀 흘리고 있는 것이 우리 삶의 입체적 공간이다. 다른 사람들의 삶의 태도를 관찰할 수 있다면 나태해진 자신의 삶을 반성하고 스스로 강한 동기부여를 할 수 있지만, 그럴 수가 없기 때문에 스스로 자신의 선택에 따른 가치를 가능한 한 높게 만들려고 노력하는 태도가 더욱 중요한 것이다. 드러나지 않은 사소한 노력들이 훗날 자신의 가치를 결정할 큰 요소였음을 알게 될 것이다. 성공은 사소한 일들의 집합체라고 하지 않았던가?

비교적 단기간이라도 절제된 마음으로 노력한다면 다른 어떤 직업보다도 큰 성공을 이룰 수 있는 것이 영업의 가장 큰 매력이다. 이러한 기회를 놓치지 말고 노력해 자신의 가치를 높이길 바란다.

아마추어는 살아남지 못한다

"인생의 성공 비결은 기회가 올 줄 알고 미리 준비하는 태도를 갖는 것이다." — **벤저민 디즈레일리**

예전에 고등학교 선배님과 함께 점심식사 자리에서 있었던 일이다. 대학교 교수님인 그 선배님은 항상 저자에게 좋은 충고를 많이 해주시던 분이었다. 진정으로 후배의 성공을 바라고 계신 분이었다.

식사 도중 그 선배님은 "나는 자네가 아마추어가 되지 말았으면 좋겠어. 주위에는 아마추어가 너무나 많아. 말만 무성하고 결과로 평가받는 것을 두려워하는 그런 사람은 되지 말았으면 좋겠는데, 그렇게 할 수 있겠어?" 라고 하는 것이 아닌가!

새로울 것이 없는 말이었는데도 당시에는 왜 그렇게 가슴에 크게 와 닿았는지……. 선배님의 그 말씀은 남들과 비슷한 일을 하면서도 기꺼이 다른 결과를 만들도록 노력해야 하는 이유를 되새겨주었다. 이왕 영업을 할거면 제대로 해야 한다는 각오를 다시 한 번 할 수 있었던 계기였다.

저자는 공짜를 바라고 살아갈 자신이 없는 사람 같다. 배가 고파도 밥 사먹을 돈이 없으면 굶는 것이 마음 편하지, 부자에게 머리숙여 얻어 먹는 것은 죽기보다 싫은 사람이다. 이러한 자존심에 스스로 상처를 주지 않기 위해서라도 열심히 살아야 한다고 생각했다. 욕심부리지 않고 남들보다 10%만 더 노력을 한다면 반드시 앞서 나갈 수 있다는 확신도 있었다. 영업을 시작할 당시 한눈 팔지 않고 주어진 일에 집중해 노력한다면 반드시 좋은 결과가 따른다는 것쯤은 충분히 알고 있는 나이였고, 또 확신을 가지고 열심히 노력하는 것이 무엇인지를 보여줘야 하는 나이이기도 했다.

천재적인 작곡가 베르디는 이렇게 말했다.

"음악가로서 나는 일생 동안 완벽을 추구해 왔다. 완벽하게 작곡하려고 애썼지만, 하나의 작품이 완성될 때마다 늘 아쉬움이 남았다. 때문에 나에게는 분명 한 번 더 도전해 볼 의무가 있다고 생각한다."

어떤 일을 함에 있어 남들보다 앞선다는 것, 그리고 인정을 받는다는 것, 또 전문가가 된다는 것은 결코 쉬운 일은 아니다. 왜냐하면 전문가란 단번의 노력으로 이루어지는 것이 결코 아니기 때문이다. 또한 몇 번 혹은 몇 년 동안 노력한다고 해서 전문가가 되는 것도 아니다.

이와 관련된 좋은 예가 있다. 저자는 가끔 신입 설계사들에게 전문가가 되려면 어느 정도 영업 경력을 쌓아야 하는지 질문하곤 했는데, 신입 설계사들은 대부분 2~3년 정도의 경력이면 설계사로서 전문가가 될 수 있다고 대답했다. 당신은 어떻게 생각하는가? 당신이 이미 영업을 3년 이상 열심히 하고 있는 설계사라면 스스로 전문가라고 자부할 수 있겠는가?

중앙아시아의 타타르 부족에게는 적에 대한 독특한 저주의 말이 있다고 한다.

"영원히 한 곳에 머물러 있게 하소서."

이 말이 얼마나 끔찍한 뜻인지 모른다. 영업을 하는 동안 어떠한 발전도 없이 똑같은 일을 지속해야 한다면 얼마나 힘이 들까? 한 인간의 삶에서 발전이라는 것이 얼마나 중요한지 다시 생각해 보게 하는 말인 것 같다. 업무를 효율적으로 하지 않는 자신이 싫으면서도 변화하는 것을 두려워하고 있다면 혹시 자신에게 스스로 타타르 부족의 저주를 주문한 것은 아닐까?

영업 시장에서도 전문가 바람이 거세게 불고 있다. 각 보험회사의 설계사들은 전문적인 지식과 상담 기술을 연마하기 위해 많은 노력을 하고 있다. 왜냐하면 고객들은 전문가를 원하고 있기 때문이다. 그들은 전문적인 상담을 받고 싶어한다. 하지만 현실적으로 고객을 감동시킬 만한 실력을 가진 전문가는 흔하지 않다. 그래서 고객들은 더욱더 전문가에 대한 갈망이 높은지도 모른다.

만약 당신이 전문적인 상담을 하지 못한다면 고객에게 해줄 수 있는 것이 무엇인가? 고객은 다른 평범한 설계사들이 할 수 있는 평범한 상담을 받기 위해 기꺼이 시간을 내고 싶지는 않을 것이다.

가끔 고객에게 잘난 척 하는 설계사를 볼 수 있다. 그들은 몇 가지의 단편적인 지식으로 풍선처럼 자신을 부풀린다. 그렇게 해야 고객에게 많은 관심을 받는다고 착각한다. 낯선 전문용어를 의식적으로 사용하면서 고객 앞에서 잘난 체 한다. 그러고는 고객이 자신을 전문가로 봐 주기를 기대한다. 이와 같은 태도는 고객이 자신을 어떻게 생각하고 있는지 제대로 파악하지 못한 처사이다. 자신을 전문가로 인정해 주기를 바라는 마음이 너무 커서 이렇게 행동하는 것인지는 모르겠으나, 이러한 행동이 정말 어리석은 것임을 곧 알게 될 것이다. 왜냐하면 이 세상에 무시당하길 원하는 고객은 없기 때문이다. 고객은 대접받길 원한다. 고객은 복잡하고 난해한 것을 싫어한다. 고객은 어려운 상품도 싫어한다. 큰 성공을 한 전문가는 이렇게 말했다.

"전문가는 어려운 것을 쉽게 풀어서 설명하는 사람인 반면에, 아마추어는 쉬운 것을 어렵게 설명하는 사람이다."

전문가가 되는 길은 멀고 험하지만 탐구하는 자세로 매번의 실패를 또 다른 시도로 이어간다면, 그것이 곧 성공을 위한 중요한 성장이 될 것이다.

벤저민 디즈레일리는 이렇게 말했다.

"인생의 성공 비결은 기회가 올 줄 알고 미리 준비하는 태도를 갖는 것이다."

진정한 전문가인지는 자신이 아니라 고객이 판단하는 것이다. 매일 조금씩 더 나아지겠다는 각오로 지속적인 노력을 한다면 어느덧 고객에게서 전문가라는 말을 듣고 있을 자신을 발견하게 될 것이다.

오늘 하루의 의미는?

"오늘 하루는 미래의 이틀을 합친 것보다 더 가치 있다. 지금의 내가 미래의 나를 만든다."

— 벤저민 프랭클린

오늘은 내 인생에서 가장 중요한 날

성공과 승리, 노력과 패배로 가득 찬 어제는 이미 사라지고 없다.

과거는 과거일 뿐, 이미 지나갔고

더 이상 존재하지 않는 시간이다.

과거를 되돌릴 수는 없는 법. 과거로 돌아가서 바꿀 수도 없는 법.

그러나 나는 과거로부터 배워서 오늘을 개선한다.

오늘, 바로 이 순간은

신이 나에게 주신 선물이자 내가 갖고 있는 모든 것.

즐거움과 설움, 승리와 고뇌로 가득 찬 내일은 여기에 없다.

오지도 않을 수 있는 내일을 나는 결코 걱정하지 않으리.

오늘은,

이것이 내가 가진 모든 것이니, 최선을 다하리.

오늘, 내가 가진 모든 능력과 자질과 성격을 가족과 친구와 고객과 동료들에게 보여주리.

오늘 내가 해야 할 가장 중요한 것들을 찾아내서 끝까지 최선을 다해 마무리 지으리.
그렇게 오늘이 지나가면
내가 이룬 것들을 흡족하게 바라볼 수 있으리.

그때, 바로 그때, 오늘보다 더 좋은 내일을 꿈꾸며 신과 함께 내일을 계획하리라.
그리고 나는 평화와 만족을 느끼며 잠자리에 들리라.

— 데일 위더링톤(Dale witherington)의 '인생을 설계하는 사람의 신조'

당신의 오늘 하루는 어땠는가?

매일 노력한 결과를 한 달이라는 기간 동안 냉정한 평가를 받게 되고, 이러한 매달의 평가가 1년에 대한 결과를 낳고, 매년의 결과는 종국적으로 자신의 영업 커리어를 결정하게 된다. 이런 측면에서 볼 때 영업처럼 노력에 대한 결과가 명확한 것은 없는 것 같다.

영업은 노력하는 것만큼 보상받을 수 있기 때문에 매력있는 직업이라는 말에는 좋은 뜻만 있는 것이 아니라, 그 어떤 직업보다 책임 소재가 명확하다는 뜻도 있음을 알아야 한다. 즉, 열심히 노력을 하면 얻을 것이 많다는 말은, 반대로 노력하지 않으면 잃게 된다는 말이 된다.

'한번 시도해 봐서 잘 되면 좋고, 못 되더라고 잃을 것은 없지 않은가' 라는 가벼운 생각이 얼마나 무모한지는 경험해 본 사람이면 잘 알 것이다. 매 순간 최선을 다해 사는 것이 쉽지는 않지만, 노력하지 않고는 가질 수 있는 것이 없다.

오늘의 힘든 하루에 대한 보상을 한 달 뒤에 받을지, 1년 뒤에 받을지는 아무도 모르지만, 영업에서는 정직하게 흘린 땀방울 이상의 보상은 반드시 받는다.

벤저민 프랭클린은 말했다. "오늘 하루는 미래의 이틀을 합친 것보다 더 가치 있다. 지금의 내가 미래의 나를 만든다." 알차게 보내는 오늘 하루가 성공으로 가는 가장 확실한 과정이다.

그리고 피터 드러커는 말했다. "성공은 결코 우연으로 오지 않는다." 행운 또한 노력하는 사람에게 하나의 기회로 오는 것이다. 이러한 과정 없이 그저 행운만을 바라고 사는 것은 어리석은 생각이다.

하루라는 시간을 깊이 있게 생각할 필요가 있다. 자신에게 주어진 시간과 기회를 얼마나 적극적으로 개척해 나가는가에 따라 인생이 달라진다.

궁극적인 성공으로 가는 가장 작은 단위인 하루를 지배할 수 있느냐, 아니면 지배당하느냐는 전적으로 자신의 의지에 달려 있다. 많은 보상을 받고 싶고, 성공을 하고 싶다면 오늘 하루에 최선을 다해야 한다. 본인의 삶에 대한 애정이 깊은 사람일수록 더욱 적극적으로 영업을 할 것이다.

어제는 결코 오늘이 될 수 없다. 의미 있는 일을 하든 잠을 자든, 시간은 이 세상에서 가장 냉정하게 흘러가는 것임을 알아야 한다. 오늘 해야 할 중요한 일을 내일로 미루는 습관은 평범한 사람들이 평생 동안 반복하다가 마지막에 후회하는 것이다. 모든 것에는 시기가 중요하다. 생일이 한참 지나버린 어느 날 친한 친구가 생일 축하한다고 말을 하면 축하의 의미가 반감할 것이다. 말라버린 장미꽃을 들고 연인에게 사랑을 고백할 수는 없지 않은가?

해야 할 일을 미루면서 보내는 시간이 자신 스스로도 마음이 편하지 않을 것이다. 한번 생각해 보라. 내가 대충 보내는 시간에 어떤 이는 천만 원짜리 보험 계약서에 서명하고 있을지도 모른다. 또 어떤 사람은 큰 기업을 인수하는 계약서에 서명하고 있을지도 모른다. 또 어떤 이는 큰 병으로 인해 고통의 시간을 보내고 있을지도 모른다. 오늘 하루를 대충 보내면서 한 달, 일 년, 그리고 삶 전체를 성공적으로 살아갈 수는 없는 것이다.

우리 인생에서 시간이라는 한정된 자산은 이 세상 누구도, 아무리 많은 돈을 준다고 하더라도 추가로 구입할 수 없는 보물이다. 반대로 남아도는 시간이 있다 하더라도 남에게 팔 수도 없다. 수요와 공급이 만나는 점에서 가격이 결정되는 것이 이 세상의 기본적인 가격 메커니즘인데 시간은 이러한 논리로 표현할 수 없는 유일한 자산인 것이다.

미루는 것에 양심의 가책을 느끼지 못하는 사람은 그것에 익숙해져 나중에는 습관이 되어 버리기 때문에 평생 미루는 삶을 살아가게 된다. 오늘 보내버린 시간은 내일 아무리 열심히 한다 해도 채울 수 없다. 어제가 오늘이 될 수 없고, 오늘은 내일이 아니다. 대우 개별적임과 동시에 매우 유기적이다. 이 세상에 시간보다 냉정한 것은 없는 것 같다. 잘못 보낸 하루에 대한 책임은 전적으로 자신에게 있다는 것을 명심하라.

생명이 위독하던 환자가 마침내 생애 최후의 1분을 맞게 되었다. 저승사자가 시간에 맞춰 그를 데리러 왔을 때 환자는 간곡히 부탁했다.

"1분만 더 주시면 안 되겠습니까?"

"그 1분 동안 무엇을 하려고 그러는가?" 저승사자가 물었다.

"1분 동안이라도 하늘과 땅을 더 보고 싶습니다. 친구와 가족의 얼굴도 보고요. 운이 좋다면 꽃이 피는 모습도 볼 수 있겠지요."

환자가 말을 끝내자 저승사자는 이렇게 대답했다.

"네 생각은 갸륵하다만 나는 허락할 수가 없구나. 네게 이미 충분한 시간을 주지 않았더냐? 다만 네가 지금처럼 시간을 귀하게 여기지 않았을 뿐이지. 여기 네 시간장부를 보아라. 총 60년에서 3분의 1은 잠을 잤고, 나머지 30여 년 동안은 일을 미루기만 했구나. 한숨을 쉬면서 게으름을 부린 것도 만 번이니, 하루에 한 번 꼴이다. 학교 다닐 때에는 늘 숙제를 미루며 시간을 낭비하더니, 커서는 담배 피우고 술 마시고 텔레비전이나 보면서 시간을 낭비했구

나. 그리고 왜 너는 나이가 들어서도 해야 하는 일을 게으름으로 항상 미루기만 했느냐? 이제는 네가 미루기만 한 것에 대해 대가를 치를 때가 된 것 같다."

설계사로서 많은 유망고객을 만나는 것이 하루의 가장 중요한 일이라면, 시간을 이처럼 가장 중요한 일에 소비해야 하는 것은 너무나 당연한 것이다. 매일 3명의 유망고객을 만난다는 원칙을 세운 어떤 설계사가 3일에 한 번꼴로 유망고객과의 만남을 미루게 된다면, 한 달에 30명은 못 만나게 되고, 일년이면 360명의 유망고객을 못 만나게 된다는 계산이 나오는데, 만약 이 설계사가 그 습관을 고치지 못한 채 3년 동안 시간을 보내고 있다면, 약 1,000명의 유망고객과의 만남 기회를 날려 버리는 결과가 나온다. 이것을 만약 금전적인 가치로 환산한다면 어느 정도가 될까?

이처럼 미루는 습관은 그저 사소한 버릇쯤으로 끝나는 것이 아니라 시간이 지나 생각해 보면 인생의 방향을 결정지을 수 있는 실로 엄청난 의미를 가지고 있음을 알아야 한다.

랠프 월도 에머슨은 시간의 가치에 대해 이렇게 말했다.

"남아도는 시간을 잘 경계하라. 그런 시간은 가공되지 않은 다이아몬드와 같다. 그냥 버리면 가치를 알 수 없을 것이고, 가공하면 그것을 쓸 수 있는 세상에서 가장 밝게 빛나는 보석이 될 것이다."

'오늘' 이라는 가장 중요한 자산을 당신은 어떻게 활용하고 있는가?

셀링 포인트 2

고객의 마음을 읽고 덤벼라

닫힌 고객의 마음을 열기 원한다면 고객을 알기 위한 노력을 해야 한다. 고객의 입장 이해하기, 고객에게 질문하기, 고객의 말 경청하기, 분위기에 맞는 표정짓기, 제때 필요한 말하기 등이 중요하다. 세일즈는 고객의 마음을 얻는 행위임을 잊지 마라.

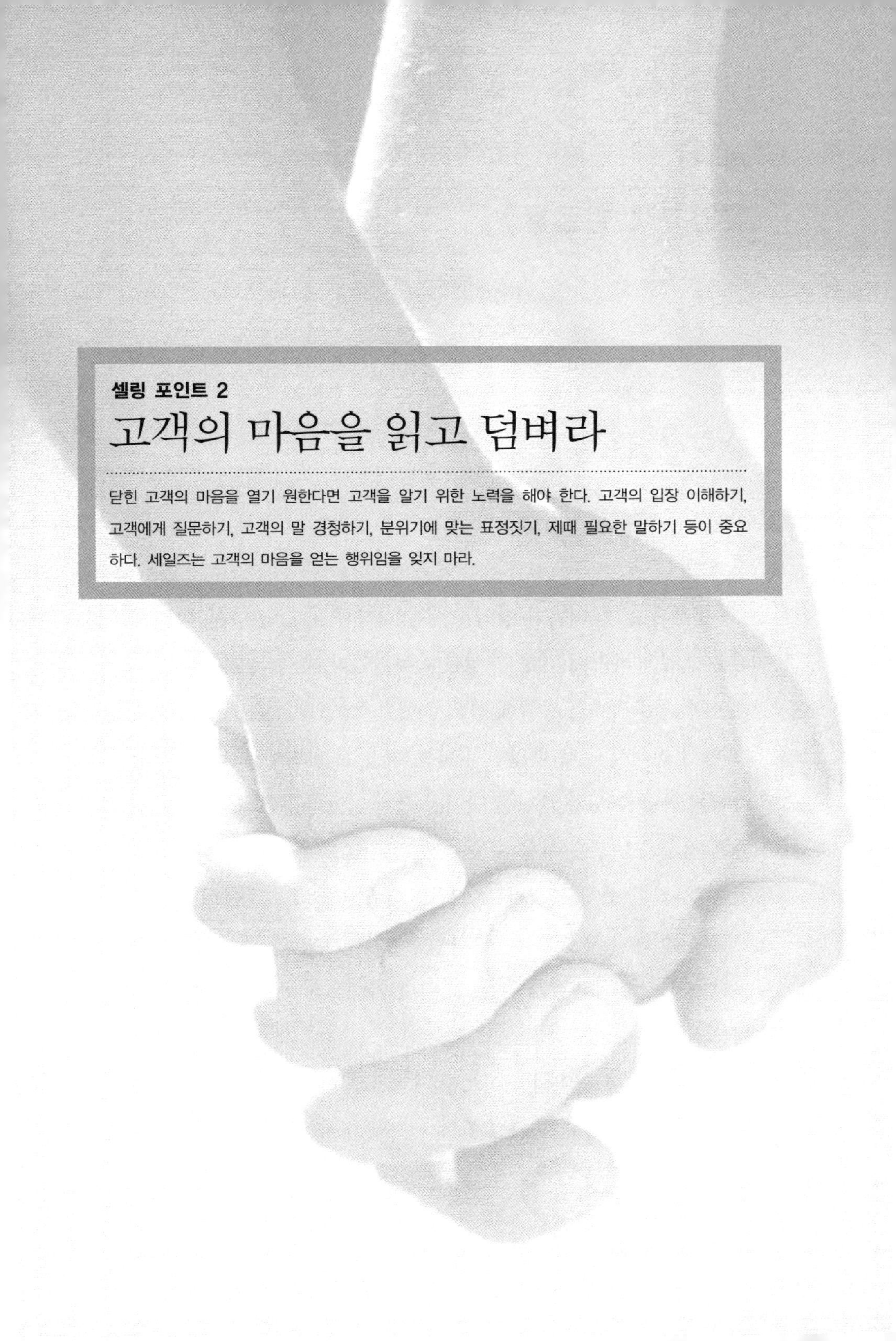

제1장
유망고객 발굴

갈 곳이 없으면 영업은 끝이다

유망고객 발굴을 위한 기본이란, 기존 고객들에게 충실하기, 전화 많이 하기, 프리젠테이션 역량 강화하기, 활동원칙 세우기 등을 말한다.

생각해 보면, 저자가 영업을 처음 시작한 2000년 당시, 여러 여건은 영업을 하기에 썩 좋은 상황이 아니었다. 한국 경제는 IMF 사태 이후 전반적으로 불황에 접어 들었고, 실업률은 치솟고 있었다. 그 당시 인맥이 두텁지 않던 저자는 취업 시장까지 꽁꽁 얼어붙은 바람에 만날 수 있는 대상을 찾기가 쉽지 않았다. 그리고 주위 사람들은 저자가 영업을 잘할 수 있을까 하는 많은 의구심을 가지고 있었다. 사람과 쉽게 친해지는 성격이 아닌 저자를 그분들이 염려하는 것은 이해할 만했다. 어떤 사람은 "자네가 만약 1년 동안 일을 그만두지 않고 계속 하고 있으면 그때 자네에게 계약을 하겠네" 라는 말을 하기도 했다.

그리고 보험 영업에 뛰어드는 사람들 대다수가 그렇듯이, 저자도 가족의 심한 반대를 안고 일을 시작했기 때문에 심적으로 많은 부담감을 가지고 영업을 할 수밖에 없었다. 게다가 상담할 만한 대상을 찾는 일은 앞이 보이지 않을 만큼 어려운 상황이었다.

같이 입사한 동기 중, 사회 경험이 많은 분이 있었다. 그분은 상황이 저자와 달랐다. 연배가 한참이나 높았고, 금융기관에서 지점장으로 오래 근무했기 때문에 찾아갈 곳이 아주 많아 보였다. 그분은 당장이라도 찾아갈 수 있는 유망고객이 약 1,000명 넘는다는 사실에 크게 만족해했다. 그 당시 저자는 그분이 얼마나 부러웠는지 모른다.

하지만 최선을 다하기도 전에 포기란 있을 수 없다는 생각으로 일에 임했다. 우선 가능한 한 빨리 당시의 악조건에서 벗어나야만 했다.

찾아갈 대상도 없는데 시장발굴을 소홀히 하면 영업은 지속하기 힘들다는 사실쯤은 모두 알고 있다. 즉, 보험 영업에서 유망고객 발굴은 일의 숙명과도 같다. 활동 에너지의 약 80%를 유망고객 발굴에 집중해야 하는 이유가 여기에 있다. 그러므로 일을 잘하는 설계사들은 활동시간의 대부분을 유망고객 발굴에 집중하고 있는 것이다.

지금 이 순간에도 대한민국의 설계사들은 유망고객을 발굴하는 데 많은 시간과 노력을 들이고 있다. 각종 모임에 나가기도 하고, 다양한 사회봉사 활동, 취미활동, 스포츠 활동에 참가하기도 한다. 유망고객을 발굴하기 위해 야간 대학을 다니기도 하고, 사람들에게서 소개받기 위해 갖은 애를 쓰기도 한다. 가히 유망고객 확보 전쟁이라고 해도 과언이 아니다.

그렇다면 유망고객 발굴을 어떻게 해야 할까? 유망고객 발굴을 위해서 어떠한 전략과 전술이 필요할까? 유망고객을 발굴하기 위해서 무엇을 투자해야 하는가? 전문직 종사자나 부자 고객을 확보하기 위해서는 무엇을 어떻게 준비해야 하는가?

이것들은 영업을 하는 동안 항상 자기 자신에게 던져야 하는 질문들이자 스스로 하나씩 해결해 나가야 하는 중대한 숙제이다.

일반적으로 유망고객을 확보하는 방법에는 첫째, 전화를 사용하는 방법, 둘째, 직접 방문하는 방법, 셋째, 소개받는 방법, 넷째, 각종 언론매체나 인터넷을 활용하는 방법, 다섯째, 각종 모임을 활용하는 방법, 여섯째, 자신의 전문적인 기술을 활용하는 방법, 일곱째, 스포츠 같이 자신의 취미나 특기를 활용하는 방법 등이 있다. 이와 같이 유망고객을 창출하는 방법은 다양하다. 어느 하나의 방법에만 의존하지 말고 가능한 한 다양하게 시도하는 것이 중요하다.

여기서 꼭 알아야 할 중요한 사실은 유망고객을 발굴하기 전에 먼저 기본에 충실해야 한다. 그렇지 않은 상태에서 무턱대고 행동을 하게 되면 굴러 들어온 기회조차 잡지 못하는 실수를 범할 가능성이 높다. 여기서 말하는 유망고객 발굴을 위한 기본이란, 기존 고객들에게 충실하기, 전화 많이 하기, 프리젠테이션 역량 강화하기, 활동원칙 세우기 등을 말한다.

영업을 하다 보면 알게 되는 것이지만, 고객발굴을 잘할 수 있는 아주 특별한 기술이나 방법은 존재하지 않는다. 그렇기 때문에 아주 특별한 방법을 찾으려고 시간과 노력을 투자하는 행위는 리스크가 매우 크다는 것을 알아야 한다. 기본에 충실하는 것이 최상책이다. 기본에 충실하다 보면 유망고객을 발굴할 수 있는 응용력은 자연스럽게 생기게 된다. 사실 무엇보다 어려운 것이 기본에 충실하는 것이다. 하지만 지속적으로 성공하고 싶다면 기본에 충실하지 않고선 불가능하다는 점도 중요한 원칙이다. 기본에 충실한 것 자체만으로도 유망고객 발굴을 위한 핵심 활동은 거의 한다고 봐도 무방하다. 본 장에서는 유망고객 발굴에 대해서 언급하겠다.

유망고객 발굴은 어떻게 하면 좋을까?

"평균의 법칙은 시간을 우리의 동맹으로 맺어준다. 우리가 수행하는 대부분의 일은 반복적이다. 따라서 일하는 재미는 일 자체에서 찾을 수 있는 것이 아니다. 그것은 일의 결과에서 찾아야 한다."

— 피터 드러커

경영학의 세계적인 거장 피터 드러커는 이렇게 말했다.

"평균의 법칙은 시간을 우리의 동맹으로 맺어준다. 우리가 수행하는 대부분의 일은 반복적이다. 따라서 일하는 재미는 일 자체에서 찾을 수 있는 것이 아니다. 그것은 일의 결과에서 찾아야 한다."

이 말을 보험 영업에 적용해 보자. 보험 영업에서, 반복적이고 지속적인 유망고객 발굴 활동은 일반적으로 평균의 법칙을 따른다고 할 수 있다. 실제로 높은 성과를 올리는 프로 설계사들은 활동량이 많다. 활동량이 많다는 말은 최대한 많은 기회를 잡으려 노력한다는 뜻이다. 평균의 법칙에 입각한 행위를 하고 있는 것이다. 그들에게는 한가할 시간이 없다. 외부에서는 유망고객 발굴을 위해 발로 뛰느라 바쁘고, 사무실에서는 다음 기회를 위해 준비하느라 바쁘다. 그렇다고 무턱대고 허둥지둥 움직이는 것이 아니라 다양한 방법을 활용해 시간을 효율적으로 활용·관리하려고 애쓴다. 이와 같은 노력은 높은 성과로 이어진다. 따라서 성공적인 영업으로 가는 중요한 원칙은 평균의 법칙에 근거해 일정한 활동량을 유지하고 효율성을 높이는 것이다.

영업 초기에는 질적인 성장보다는 양적인 성장을 더 많이 한다. 어느 기간 동안 이러한 활동을 반복하다 보면, 자연스럽게 점차 질적인 성장에 무게를 두게 되는데, 이때부터는 활동의 효율성이 매우 중요하게 된다. 활동량이 더 늘어나지 않더라도 효율성은 상대적으로 높아지게 되어 전체적으로 보면 시간이 갈수록 성과는 더욱 높아지게 된다.

영업은 거의 비슷한 일의 반복이다. 하지만 반복적으로 보이는 이 일에도 창의적인 아이디어와 행동이 없으면 생산성이 높아지지 않는다. 따라서 창의적인 아이디어와 행동으로, 반복되는 업무에 자극을 주며 자신을 꾸준히 발전시켜 나가는 것이 매우 중요하다.

이제부터는 각각의 유망고객 발굴 방법에 대해서 구체적으로 알아보자.

전화를 사용한 유망고객 발굴 방법

전화에 대한 공포심을 가능한 한 빨리 없애기 위해서는 수화기에서 들려오는 고객의 차가운 반응에 필요 이상으로 큰 거부감을 느끼지 않는 것이 가장 시급한 일이다.

보험 영업을 잘하는 이들의 공통점은 전화와 매우 친숙하다는 점이다. 조금만 배우면 쉽고 매우 효율적인 방법임에도 제대로 활용하지 못해 상당히 괴로워하고 있으니, 그 중요성은 날이 갈수록 커지고 있다.

보험 영업은 전화와 얼마나 많은 시간을 보내느냐에 따라 성과가 달라진다고 한다. 그렇기 때문에 어떤 회사는 신입사원 때부터 전화 활용의 중요성을 특히 많이 강조한다. 영업 초기부터 전화에 친숙하지 못하면 영업을 하는 동안 내내 고치기가 쉽지 않기 때문이다. 전화에 대한 공포심을 가능한 한 빨리 없애기 위해서는 수화기에서 들려오는 고객의 차가운 반응에 필요 이상으로 큰 거부감을 느끼지 않는 것이 가장 시급한 일이다. 아직도 많은 설계사들이 수화기 잡는 것을 매우 어렵게 생각하고 있다. 수화기 드는 것이 그토록 어려운 원인은 다양하다. 그러한 원인에는 대부분 심리적인 요인이 크게 작용하고 있다는 사실도 시사하는 바가 크다.

전화 사용을 두려워하는 이유를 살펴보면 다음과 같다.

첫째, 모르는 사람에게 전화하는 것을 필요 이상으로 두려워한다. 둘째, 전화로 고객과 만남 약속을 잡는 것을 지나치게 비관적으로 생각한다. 여기서 비관적인 생각이란, '전화로 어떻게 유망고객을 발굴한단 말인가?', '전화를 사용한 유망고객 발굴 방법은 확률이 높지 않기 때문에 차라리 하지 않는 것이 좋다' 라는 식의 사고방식을 말한다. 셋째, 지인에게 아쉬운 소리 하는 것을 싫어한다. 넷째, 상대방이 어떤 말을 할까에 대해 많은 공포심을 가진다. 다섯째, 자신이 하는 일에 대한 자부심이 약하다. 여섯째, 남에게 피해 주는 행위라고 생각한다.

이러한 것들이 수화기 잡는 것을 어렵게 하는 대표적인 요인이라고 할 수 있다.

전화하는 기술이 미숙해 어렵게 소개받은 유망고객과 만남 약속을 잡지 못한다면 얼마나 안타까운 일인가?

전화하는 기술을 높이기 위해 필요하다면 단기간에 많은 양의 전화를 할 필요도 있다. 무작위로 시도해 직접 부딪히면서 배운 것만큼 많은 도움이 되는 것도 없다. 전화기술은 비교적 단기간에 배울 수 있지만, 더 중요한 점은 적당한 양의 통화를 꾸준히 하는 습관을 가지는 것이다. 그렇다면 어떻게 하면 전화를 영업에 효율적으로 활용할 수 있을까?

그 방법에 대해 몇 가지 정리해 보면 이렇다.

첫째, 하루의 일과 중 전화하는 것을 가장 중요하게 생각하라. 언제, 누구에게, 어느 정도의 시간으로, 어떻게 할 것인가에 대해 진지하게 고민해 계획을 세우고 실천해야 한다. 예를 들면 하루 중 오전 시간에 고객과의 만남 약속을 잡기 위해 모르는 사람들에게 30통의 전화를, 기존의 계약자들에게 20통의 전화를 실시한다. 매일 고정적으로 실시하기 때문에 일주일이면 약 250통의 전화를 하는 것이 되고, 한 달이면 약 1,000통의 전화를 하는 것이 된다.

전화를 사용한 유망고객 발굴 전략은 대표적인 확률 게임이다. 따라서 너무 높은 기대를 하고 실시하는 것보다는 멀리 보고 지속적으로 실시하는 태도가 매우 중요하다.

일반적으로, 모르는 사람들에게 전화해 상담 약속을 제안했을 때 성공확률은 20~30%이다. 10통을 전화해 2~3명과 상담 약속을 하고 1건의 계약을 하는 것이 일반적인 확률이라고 한다. 물론 높은 성공률을 유지하기 위해서는 많은 노력과 준비가 필요하다. 준비를 충분히 하지 않으면 확률이 급격하게 떨어지는 것은 당연한 결론인 반면, 충분한 준비와 실전 경험을 겸비하면 확률을 많이 높일 수도 있다.

전화의 가치를 알 수 있는 재미있는 계산법이 있다. 최종적으로 받은 커미션을 전화한 총량으로 나누어 보면 전화 한 통의 가치가 계산된다. 예를 들면 무작위로 선택한 10명에게 통화를 시도해 2~3명에게서 상담 약속을 받아내고 최종적으로 1명과 1건을 계약하는 데 성공해서 10만원의 커미션을 벌 수 있었다면, 수화기를 한 번 들 때마다 1만원씩 벌었다는 계산이 나온다. 이는 전화 한 통의 가치를 쉽게 계산하고 실감할 수 있는 좋은 방법이다. 이렇게 높은 가치를 가지고 있는데 수화기를 들지 않는 것이 이상할 정도이다. 그리고 일단 고객과 관계를 맺고 나면 추가적인 소개를 받을 수 있기 때문에 부가가치는 점점 높아진다는 점도 알 필요가 있다.

둘째, 전화만을 위한 공간을 따로 만든다. 지점 내에서 전화하는 공간을 만들 수 있다면 가장 좋지만, 그렇지 않다면 본인만의 공간을 따로 마련할 필요가 있다. 다른 사람들이 있으면 전화하는 데 방해를 받는 사람은 특히 편한 공간에서 전화를 실시하도록 하는 것이 좋다.

그리고 전화를 하기 전에 마음을 편안하게 가지는 것은 많은 도움이 된다. 얼굴도 모르는 상태에서 대화를 하기 때문에 서로 긴장을 하거나 경계를 하게 되면 전화통화가 힘들어진다.

전화선으로 타고 흐르는 자신의 기분은 상대방도 인지할 수 있다. 설계사가 긴장을 하거나 부정적인 태도로 전화를 하면 상대방에게 좋은 반응을 기대하기는 어렵다. 사람들은 누구나 목소리가 밝은 사람과 밝은 음색으로, 즐거운 기분으로 통화하고 싶어하기 때문이다. 따라서 수화기를 들기 전에 무거운 마음을 내려놓고 상대방이 나의 유쾌함을 느낄 수 있도록 준비하는 것은 중요하다. 그리고 저자세나 고자세가 아닌 자신감 있는 당당한 목소리로 통화에 임해야 한다.

셋째, 전화를 위한 롤 플레잉Role playing을 한다. 전화를 할 때 누구에게 어떠한 내용으로 어떻게 할 것인가는 매우 중요하다. 특히 모르는 사람에게 짧은 시간 내에 많은 관심을 끌기 위해서는 반드시 사전 준비가 필요하다. 철저하게 준비해야 효율적인 통화를 할 수 있으므로 준비하는 것이 안 하거나 대충 하는 것보다는 무조건 유리하다.

예를 들면 지점 내 동료들과 롤 플레잉을 하면 부족한 점은 고치고 잘하는 점은 더 부각시킬 수 있어 자신만의 파워풀한 방법이 조금씩 완성되어 갈 것이다. 그리고 통화 시 초기에 어떠한 주제로 대화를 풀어 나갈 것인가는 매우 중요하다. 보험에 관한 이야기를 직접 언급하면서 관심을 유도하는 경우도 있고, 아예 보험에 관한 이야기보다는 상대방과 관계를 형성하는 데 목적을 두는 경우도 있다. 어떤 것이 유리한지는 상황에 따라 다르다. 그리고 전화할 때 특히 유념할 점은 전화하는 목적을 명확하게 하라는 것이다. 만약 상대방과 관계를 유지하는 것을 우선으로 생각한다면 보험에 관한 이야기를 하지 않는 것이 좋다. 가급적 많은 질문을 던지면서 고객의 관심을 유도하는 것이 좋다. 상대방은 당신에 대해서 전혀 모르는 상태이기 때문에 처음에는 의심을 많이 할 수밖에 없다. 상대방의 모든 경계심을 해소할 수는 없지만, 최대한 부담을 주지 않도록 각별히 주의하는 것이 포인트이다.

일단 통화가 되면 자신의 신분을 밝힌 다음, 어떤 말을 할 것인가는 매우 중요하다. 간략하지만 강력한 호기심을 자극할 수 있는 말이면 좋다. 길지 않아야 하며 최대한 한 문장으로 할 수 있으면 좋다. 만약 전화를 하자마자 상대방을 의식하지 않고 혼자만 중얼거린다면 상대방은 수화기를 조용히 내려 놓을 것이다. 전화한 목적을 밝히는 데는 가급적 10~20초를 넘지 않아야 한다. 그리고 모르는 사람과 전화통화를 위해서 활용할 만한 다양한 질문들도 준비해야 한다. 반대로 상대방이 질문을 하는 경우에는 최대한 짧고 핵심을 전달하도록 노력해야 한다. 그리고 통화중에 다양한 질문으로 대화를 지속할 수 있도록 유도하는 기술도 필요하다.

넷째, 전화할 대상자를 확보한다. 명단을 어디서 어떻게 확보할 것인가? 누구에게 할 것인가? 직업을 따지지 않고 다양하게 실시할 것인가? 아니면 특정한 직업군을 지정해 지속적으로 실시할 것인가? 특정한 직업군을 지정하면 그 직업에 속한 사람들에게 더 깊이 있고 차별화된 서비스를 할 수 있는 이점이 있다. 예를 들어 지역 내 동물병원 명부를 확보했다면 그들에게 특화된 마케팅을 실시함으로써 그 시장에 더 집중할 수 있고, 신뢰감을 형성하는 데 유리할 수 있다. 이러한 시도 자체는 자연히 타겟 마케팅으로 연결된다. 타겟 마케팅이란 독점시장에 집중해 차별화된 서비스로 유망고객을 발굴함을 말한다. 특정한 시장에 더 깊이 있는 서비스를 하면 이점이 매우 많다. 100~300명 정도의 명단이 적다고 판단할 수도 있으나 지속적으로 관리하면 그 자체로 매우 훌륭한 시장이 된다. 이들에게 동물병원 관계자들만을 위한 특별한 서비스를 하고 있다고 전달하고 지속적으로 관리할 필요가 있다. 그리고 지속적인 관리를 위해서는 한 번 통화에 실패했다고 포기하지 말고 향후 다시 시도할 필요가 있으며, DM을 만들어 지속적으로 보내는 것도 중요하다.

마지막으로, 전화를 통해 유망고객을 확보하는 활동에서 심리적인 면에서도 준비할 것이 있다. 즉, 전화하기 전에 발생할 수 있는 최악의 상황을 미리 염두에 두면 실제로 그 상황을 겪게 되더라도 마음의 여유를 가질 수 있다는 점이다. 이러한 마음의 준비는 실제로 매우 효과적이다. 여기서 말하는 최악의 상황이란, 고객이 이야기를 듣기도 전에 끊어 버리는 경우를 두고 하는 말이다. 이러한 상황은 언제든지 일어날 수 있기 때문에 당황하지 않고 받아들이는 지혜가 필요하다.

지금까지 전화를 활용한 유망고객 확보 방법들을 간략하게 알아보았다. 전화를 영업에 잘 활용해 우수한 실적을 올리는 설계사들의 통화량은 보통 설계사보다 약 3~5배 가량 더 많다고 한다. 이들은 전화의 효율성에 대해 잘 알고 있기 때문에 전화를 적극적으로 활용한다. 만약 당신이 지금까지 전화하는 것에 자신감이 없었다면 지금부터라도 시작하길 바란다. 지금 당장 변화가 없으면 기회도 없다. 전화를 효율적으로 활용하는 것은 영업의 생산성을 한 단계 올릴 수 있는 아주 좋은 방법이다.

개척을 통한 유망고객 발굴 방법

개척활동을 하면서 좋았던 점은, 언제 어느 때라도 방문이 가능하다는 점이었다. 긍정적인 마음으로 주기적인 방문을 하면 좋은 시장이 될 수 있는 가능성은 항상 열려 있다.

개척은 가장 어려운 분야이지만 결코 포기할 수 없는 매력이 있다. 개척을 통해 유망고객 발굴을 시도하기 전에 반드시 알아둘 것이 있다. 영업활동 전체를 개척활동으로 한정하는 경우를 제외하면, 개척을 통해 유망고객을 확보하는 데는 단기적인 전략보다는 중·장기적인 전략이 더 유용하다는 마음자세로 임해야 한다는 점이다. 개척에 들어가기 전, 이러한 마음자세부터 바로 확립할 필요가 있다. 당장 개척활동을 한다고 해서 바로 어떤 성과를 기대하지 말라는 뜻이다. 막연하고 높은 기대는 개척활동을 계속 이어가지 못하게 하는 큰 요인 중 하나이다.

저자는 매주 수요일을 개척하는 날로 정해 활동했다. 개척 또한 전화와 마찬가지로 주기적이고 꾸준한 활동이 매우 중요하기 때문에 이런 원칙을 세워 실행하게 되었다.

개인적인 사례를 하나 소개하고자 한다. 그날도 어김없이 사무실 방문을 하는 날이었는데, 젊은 건설회사 사장님을 만나게 되었다. 그 젊은 사장님은 보험에 대해서 너무나 부정적인 시각을 가지고 있었다. 사무실에 들어가서 인사를 하자마자 얼굴이 붉어졌다. 왜냐하면 그분은 저자의 명함을 받자마자 던져 버렸기 때문이다. 자세히는 모르겠으나 아무래도 보험과 관련해 좋지 않은 경험을 많이 가지고 있는 듯했다. 그리고 시간이 조금 지나 알게 된 것이지만, 그 사장님은 성격이 무척이나 까다롭고 사고방식이 부정적이고 성향이 매우 보수적인 사람이었다. 또한 타인에게 쉽게 마음을 여는 스타일이 아니었기 때문에 다가가기가 보통 어려운 분이 아니었다. 하지만 이런 성향의 사람은 신뢰가 쌓이면 다른 어떠한 사람보다 오히려 더 좋은 관계를 맺을 수 있다는 믿음으로 당장은 어렵더라도 포기하지 않았다.

이 경우는 개척활동에서 중 · 장기적인 목적을 설정하는 것이 얼마나 유리한지를 보여주는 사례이다. 이 젊은 사장님의 경우에도 한 달에 한두 번씩은 주기적으로 사무실을 꾸준히 방문했다. 방문한다고 해도 사장님을 만나지 못하는 경우도 많았는데, 그때는 사무실 직원들에게 관심을 쏟았다. 개척활동을 하면서 좋았던 점은, 언제 어느 때라도 방문이 가능하다는 점이었다. 긍정적인 마음으로 주기적인 방문을 하면서 알게 된 사실은 사람이 있는 모든 곳이 좋은 시장이 될 수 있다는 것이었다.

아무튼 그 사장님은 정말 쉬운 사람이 아니었다. 가끔씩 만나게 되면 하셨던 말씀이, “아무리 찾아와도 난 보험 계약을 하지 않을 것입니다" 이었다. 영업을 할 때는 고객의 말 한마디가 설계사의 마음을 울리기도 하고 행복하게도 한다. 유망고객의 이러한 반응은 개척활동을 하는 설계사에게는 당연히 가슴 아픈 말임이 틀림없다.

결론을 말하면 약 1년 가까이 공을 들인 끝에 그 깐깐한 사장님에게서 큰 계약을 할 수 있었고, 그분께 소개받은 사람도 약 50명이 넘었는데, 대부분의 경우 계약을 비교적 수월하게 체결할 수 있었다. 알고 보니 그 고객은 저자를 위해 지인들에게 영업활동까지 했던 것이다. 그 후 그 분은 저자가 영업을 하는 동안 내내 가장 든든한 후원자가 되어 주었고, 지금도 가장 친한 친구이자 선배로 잘 지내고 있는 사이로 발전했다.

이처럼 개척을 하면 상상하지도 못할 일들이 일어난다. 물론 즐거운 일과 괴로운 일을 반복적으로 겪지만 그러면서 배울 수 있고 값진 경험을 쌓는 것이다. 힘든 개척을 통해 유망고객을 찾아 계약을 성사시키고, 좋은 사람과 좋은 인연을 맺고, 그 인연을 통해서 추가적으로 더 많은 유망고객을 확보할 수 있는 기회를 얻을 수 있다. 이런 과정에서 진정한 영업의 맛을 볼 수 있다.

개척을 통한 유망고객 발굴은 많은 사람이 시도하지만 결과적으로는 소수의 설계사가 큰 파이를 나누게 되는 시장이다. 어렵긴 하지만 그 만한 보상이 뒤따르고, 다양하게 쌓은 경험은 영업을 계속 이어가는 데 긍정적인 영향을 미치게 된다.

다른 방법에서도 그렇겠지만, 개척활동은 어렵고 힘들다 하더라도 포기하지 않고 꼭 이루고야 말겠다는 의지가 매우 중요하다. 개척활동은 꾸준하게 하지 않고 또 전략적이지 않으면 아무런 효과도 없이 고생만 할 가능성이 높다. 이런 결과는 오히려 영업을 하겠다는 의지에 찬물을 끼얹을 수도 있기 때문에 대충 생각해서는 안 된다. 입장을 바꿔놓고 생각해 보자. 당신이 고객이라면 한두 번 본 설계사에게 계약할 가능성이 얼마나 될 것 같은가? 사람들을 만날 때마다 그들의 은총을 바라면서 영업할 수는 없지 않은가?

밖으로 나가기 전에 미리 마음의 준비를 하라. 가능한 한 멀리 보는, 여유롭고 편안한 마음으로 사람들에게 다가가길 바란다. 이러한 마음으로 포기하지만 않는다면 누구나 좋은 결과를 기대할 수 있는 시장이 바로 개척시장이다.

소개를 통한 유망고객 발굴 방법

한 고객과 상담한 뒤 그 고객에게서 유망고객을 잘 소개받지 못하는 설계사는, 영업을 훨씬 어렵게 하고 있다는 사실을 명심하라.

소개는 영업의 꽃이라고 할 수 있을 정도로 매우 중요한 의미와 가치가 있는 마케팅 방법이다. 처음 영업을 시작했을 당시, 저자는 찾아갈 유망고객이 없던 터라 소개받는 일에 사활을 걸었다. 당시 저자에게, 소개를 통해 영업하는 것이 일을 계속하느냐 그만두느냐의 중요한 변수가 될지는 몰랐다. 한 고객과 계약을 한 뒤 그 고객에게서 다른 고객을 소개받는 일련의 과정은 보험 영업의 가장 핵심이자 가장 기본임을 확인할 수 있었다.

신입 설계사들은 소개의 중요성을 잘 알고 있으면서도 영업을 하면서 간과하는 경향이 많다. 그들은 몇 번 소개받고자 시도하지만 쉽지 않음을 곧 알게 된다. 그렇더라도 소개를 잘 받을 수 있는 방법을 찾는 노력을 지속적으로 해야 한다. 그렇게 하지 않으면 스스로 영업을 더욱 힘들게 만들고 있다는 것을 시간이 지나면 자연스럽게 알게 된다.

소개를 받는 것에도 순서가 있다. 우선 소개를 부탁하기 전에 설계사가 해야 할 일이 있다. 먼저 최선을 다해 고객을 만족시키는 일이다. 이 점은 매우 중요하다. 성공적인 상담으로 얻은 고객의 높은 만족감은, 설계사가 하는 소개 부탁에 고객이 적극적으로 반응하게 하는 데 가장 중요한 영향을 미치기 때문이다. 따라서 성공적인 상담은 성공적인 소개 부탁으로 이어질 가능성이 매우 높다는 사실을 잊어서는 안 된다. 그리고 성공적인 상담을 이끈 설계사가 고객에게 소개 부탁을 하는 것은 매우 당연한 행동이다. 고객이 설계사에게 새로운 유망고객을 소개해 준다는 의미는 상품에 대한 만족감과 설계사에 대한 신뢰가 충만하다는 것의 또 다른 표현이다.

따라서 고객에게 무한한 신뢰를 받기 위해서 어떠한 노력을 해야 하고 고객에게 감동을 선사하기 위해서는 무엇을 준비해야 하는가에 대해 많은 고민을 해야 한다. 어떻게 고객을 만족시킬 것인가에 대한 답을 찾아가는 과정을 반복하는 동안 당신의 상담능력은 발전한다.

신입 설계사들의 일반적인 영업 패턴을 살펴보면, 그들은 먼저 가까운 지인들을 찾아가게 된다. 소개의 중요성을 잘 알고는 있지만 쉽지 않다는 것도 곧 깨닫게 된다. 찾아갈 대상이 점점 줄어들게 되면서 불안해지기 시작한다. 그러다가 더 이상 찾아갈 곳이 없게 되면서 어려움에 빠진다. 그래도 희망은 있다. 개척을 통해 영업을 잘할 수 있다고 생각하기 때문이다. 즉, 갈 곳이 없어지게 되면서 유망고객을 찾아 사무실 밖으로 직접 나서게 된다. 하지만 곧 알게 된다. 개척이라는 것이 소개받기보다 훨씬 더 어렵다는 사실을……. 지금도 많은 설계사들이 이러한 영업 방식으로 일을 하다가 그만두고 있다. 이러한 악순환의 고리를 끊을 수 있는 가장 좋은 방법이 소개를 철저하게 받는 것이다.

저자의 경우에도 초기에 소개의 중요성에 대한 인식을 하고 있었지만, 결코 쉽지 않음을 경험했다. 어렵다 하더라도 물러설 곳이 없었기 때문에 상담에 임할 때마다 성공적인 상담을 통한 소개받기에 안간힘을 썼다. 앞에서도 언급했듯이 소개에 가장 큰 영향을 미치는 것이 고객의 높은 만족도임을 알았기 때문에 고객을 200% 만족시키기 위해 많은 노력을 기울였다. 저자에게 있어 완전한 상담이란 고객을 최대한 만족시켜 계약을 체결하고 유망고객을 최소한

3명 소개받는 것이었다. 따라서 계약을 한 것은 50%성공한 것이고 소개까지 받아야 상담의 100%가 완성된 것이라고 생각했다.

우선 상담을 하면서는 고객에게 최대한 많은 정보를 줄 수 있도록 노력했다. 작은 부분이라도 고객을 최대한 배려하고자 노력했다. 그리고 상담 도중에 소개를 넌지시 언급함으로써, 고객이 자연스럽게 소개에 대한 마음의 준비를 할 수 있도록 했다. 그리고 상담에 최대한 집중하고 노력함으로써 '열심히 일하는 설계사' 라는 이미지를 심어 주는 것에도 소홀하지 않았다. 일반적으로 상담 시 고객의 만족감이 높을수록 소개의 확률은 높아지기 때문에 유망고객에게 소개를 부탁하기 전에 상담 준비를 철저하게 하는 것이 우선이다. 그리고 계약을 한 뒤에는 간절한 마음으로 반드시 소개를 받아야 한다는 생각밖에 하지 않았다. 소개를 해 주지 않으면 일어서지 않겠다는 마음으로 끊임없이 소개를 부탁했다. 시간이 갈수록 이러한 간절함에 대한 대가는 컸다.

소개를 확보하는 전략은 영업의 가장 중요한 원칙이 되었다.

"1명 계약에 유망고객 3명 반드시 소개받기"

영업하는 동안 이것은 아무리 곤란한 상황하에서도 타협하지 않으려고 노력했다.

지점의 많은 동료 설계사들은 계약이 최종 목표였고 유망고객을 소개받는 것은 덤이라고 생각하고 있었다. 그 덤은 가지면 좋고, 설사 가지지 못하더라도 소기의 목적은 달성했다고 여겼다. 이러한 태도가 소개를 잘 이끌어내지 못하는 가장 큰 요인임을 알고 있는 사람은 많지 않았다. 결국 소개를 반드시 받아야 한다는 절박한 태도의 차이가 소개자를 확보하느냐 못하느냐의 사이를 가른다. 소개를 통해 고객을 확보하려는 것은 매우 중요하다. 이것에만 집중해 노력해도 지속적인 영업이 가능하기 때문이다. 앞에서도 언급을 했지만 소개를 잘 받는 설계사들의 공통점은 상담을 잘한다는 점이다. 프리젠테이션의 완성도 또한 매우 높다. 상품을 완전히 판매하려고 노력하기 때문에 보험 계약의 유지률 또한 매우 높다. 이는 고객과의 불필요한 분쟁이 적음을 뜻한다. 또한 고객과 설계사의 상호 신뢰도가 매우 높기 때문에 소개를 통해 추가적으로 고객을 확보할 가능성이 높다는 뜻이기도 하다. 이처럼 소개를 잘 받기 위한 지속적인 노력은 보험 영업의 핵심이 되어야 한다.

"고객님, 제가 전부터 몇 번 말씀드렸듯이 저는 소개를 통한 영업을 전문으로 하고 있습니다. 당연히 고객님도 그렇게 찾아뵌 것이고요. 고객님을 소개해 주신 김 사장님도 마찬가지 경우입니다."

이 말은 초기에 꼭 한두 차례 언급할 필요가 있다. 미리 암시를 함으로써 고객에게 소개에 대한 의무감이 자연스럽게 들도록 하는 효과가 있다.

또는, "고객님, 만약 제게 상담을 받아 보시고 만족하시지 않으면 계약하지 않겠다는 말씀을 단호히 해주십시오" 라고 말하고 상담을 시작해 보라. 계약을 한 뒤 대부분의 경우 소개 부탁이 쉬워지므로 소개를 확보하게 될 것이다.

"고객님 지금까지 제게 보여주신 많은 관심에 깊은 감사를 드립니다. 그리고 지금부터 저와 고객님은 보험이라는 배에 함께 탄 것입니다. 좋은 일이 생길 때면 저에게도 연락을 주실 거죠? 반대로 가족에게 좋지 않은 일이 발생하게 되면 지체 없이 저를 찾아 주셔야 합니다. 아셨죠? 저는 고객님 가족의 안정을 위해 최선을 다해야 할 의무가 있고, 고객님께서는 제가 최선을 다해 일을 할 수 있도록 많은 협조를 해주셔야 합니다. 그래서 부탁드릴 것이 있습니다만……" 하고 상대방의 눈을 바라본다.

가급적 말을 천천히 그리고 또박또박 해야 한다. 그리고 반드시 끝말을 줄일 필요는 없으나, 경험상 일사천리로 말을 다 해버리고 난 뒤, 상대방의 반응을 보는 것보다는 이렇게 끝을 조금 흘리면서 비장한 태도를 보이는 것이 유리했다. 연습을 통해 익숙하게 만들 필요가 있다.

이럴 경우에 대부분은 고객이 먼저 "소개를 부탁하시는 겁니까?" 라는 말을 하게 된다.

그렇지 않은 경우에는 "무슨 말씀이신지요?" 라면서 고객이 궁금해하거나, 때로는 긴장하기도 한다. 하지만 대부분의 고객들은 눈치를 채고 있을 것이다. 왜냐하면 고객과 처음 자리를 할 때부터 소개에 대해 자주 언급을 했기 때문이다.

고객의 부정적인 대답이 반사적으로 나오면 소개받는 것이 쉽지 않음을 의미한다. 반대로 생각을 하거나 머뭇거리거나 신중한 태도를 보이면 소개를 받을 가능성이 다소 높다는 뜻이다. 이러한 경우에는 소개를 반드시 받겠다는 마음으로 밀고 나가야 한다. 이렇게 하면 대부분의 경우는 소개를 받을 수 있다.

"고객님께서는 제가 제시해 드린 플랜에 만족하십니까? 그렇다면, 고객님의 소중한 지인들에게도 이러한 기회를 당연히 주셔야 하지 않겠습니까?"

그리고 소개를 부탁할 때는 막연히 "소개해 주세요"라고 말하는 것보다는, 소개받을 대상을 구체적으로 말하는 것이 유리하다. 예를 들어 보자.

"지인들 중 최근에 결혼하신 분은 누구누구입니까?"

"주위에 연 수입이 1억 원 넘는 분이 계십니까?"

"맞벌이를 하고 계시는 분은 누구인가요?"

"소규모 자영업을 하시는 분은 안 계십니까?"

"임대사업을 하시는 분이 있다고 들었습니다."

"지인들 중, 보험료를 가장 많이 납입하고 계실 것 같은 분 5명만 말씀해 주시겠습니까?"

이런 식으로 질문한 뒤 답을 진지하게 기다리면 된다.

소개받기에 가장 좋은 시점은 계약을 하고 난 뒤이다. 앞에서도 언급했지만 계약에서 소개 부탁으로 이어지는 분위기가 자연스러울수록 결과는 좋다. 즉, 고객의 만족감이 높을 때 소개로 이어지는 확률이 높다. 반대로 계약은 하되, 상대적으로 고객이 만족스러하지 않는다고 느껴지면 소개 부탁을 다음으로 미루는 것이 현명할지도 모른다. 따라서 최대한 많은 소개를 받기 위해서는 고객의 만족감을 최고로 높이도록 노력하는 것이 매우 중요하다. 그리고 소개를 부탁하기에 두 번째 좋은 시점은 증권을 전달할 때이고, 세 번째는 고객의 클레임을 해결해 주고 난 뒤이며, 마지막은 고객을 볼 때마다이다. 이러한 모든 방법을 지속적으로 사용해야 한다. 당장 소개를 받지 못한다고 포기해서는 얻을 수 있는 것이 없다.

고객이 당장 소개를 해주지 않을지는 몰라도 '이 설계사는 많은 노력을 하고 있구나' 라는 생각을 하도록 최대한 노력해야 한다는 것을 잊지 마라. 소개를 몇 명이나 받는 것이 좋은가? 정답은 최대한 많은 사람을 소개받을수록 좋다는 것이다. 저자는 개인적으로 한 사람에게 최대 87명을 소개받은 경우도 있다.

고객이 소개를 해주지 않을 경우에는 어떻게 대처하는 것이 좋을까? 이럴 경우 소개를 해주지 않는 이유를 다양한 질문으로 알아볼 필요가 있다. 다음의 대화를 보자.

"고객님 혹시 주저하시는 이유에 대해 물어봐도 되겠습니까?"

"제 주위 사람들은 모두 보험에 가입해 있을 겁니다. 그래서 소개해 드릴 분이 없습니다. 다음 기회에 있으면 해 드릴께요."

"소개하는 것에 많은 부담감을 가지고 계신다는 말씀이시죠?"

"네, 사실 보험을 가입하라고 누구를 소개한다는 것이 좀 그렇잖아요."

"네, 잘 알겠습니다. 고객님의 입장을 충분히 이해합니다. 고객님께서도 제가 찾아뵙겠다고 했을 때, 그토록 많이 부담스러웠습니까?"

"사실 부담스러웠죠."

"맞습니다. 그런데 지금도 처음과 같은 마음이십니까? 그리고 고객님께서 우려하고 계시는 점은 결코 발생하지 않도록 약속을 한다면 괜찮으시겠습니까?"

이런 식으로 지속적인 구애를 펼칠 필요가 있다. 소개받는 일은 현실적으로 보통 어려운 것이 아니지만 지속적으로 시도하다 보면 쉽게 느껴질 때가 반드시 온다는 것을 명심하라. 같은 일을 지속적으로 반복하다 보면 익숙해지는 것은 명확한 사실이다.

소개를 부탁할 때, 간혹 고객이 화를 내는 경우도 있다. 이럴 때 대부분의 설계사들은 겁을 먹고 꼬리를 내리게 된다. 왜냐하면 괜히 고객을 화나게 해서 지금까지 해 놓은 결과까지 망칠 염려가 있다는 생각이 본능적으로 들기 때문이다.

"자꾸 그러시면 계약한 것을 다시 고려하겠어요." 고객이 강수를 두는 경우도 있다.

"고객님, 저는 소개받지 않으면 갈 곳이 없어집니다. 만약 세 사람 소개받는 것과 고객님의 계약 중 하나를 선택하라고 하시면 저는 전자를 택해야 합니다. 왜냐하면 찾아갈 곳이 없으면 영업을 그만둬야 하니까요. 그만큼 제게는 소개받는 것이 중요합니다."

이 정도까지 하면 십중팔구는 소개를 받을 수 있다. 재미있는 현상은 처음 소개를 부탁했을 때 심하게 거절하는 고객일수록 나중에는 더 많이 소개해 줄 가능성이 높다는 것이다. 따라서 소개를 부탁할 때 고객이 심하게 거절한다고 해서 부정적으로 볼 필요는 없다.

"어떻게 하면 소개를 잘 받을 수 있습니까?" 라는 질문에 대한 정답은 "소개해 줄 때까지 부탁하면 됩니다" 라는 것의 의미를 이제는 이해할 수 있을 것이다.

어떤 경우에는 심지어 10번 가까이 소개를 부탁한 적이 있다. 소개를 부탁할 때는 이 정도의 상황까지도 미리 예측하고 진행하는 것이 좋다. 한두 번 시도해 소개를 확보하려는 막연한 기대로는 소개를 받지 못한다.

그리고 소개해 줄 사람의 이름이라도 형식적으로 말하는 것과 다음에 소개해 주겠다고 막연하게 말하는 것은, 하늘과 땅 차이이다. 반드시 유망고객의 이름만이라도 구체적으로 받아야, 다음 상담으로 진행할 수 있다는 것을 명심하라.

다시 한 번 강조하지만 소개는 매우 적극적으로 받아야 하고, 그 과정에서 반드시 깍듯한 예의를 갖추어야 하며, 쉽게 물러남이 없어야 한다. 이런 태도를 견지하는 것이 지속적으로 소개받을 수 있는 가능성을 높이는 지름길이다. 영업에서는 모든 것이 자기와의 고독한 싸움이다.

시대가 변하고 상품이 변한다고 해도 소개를 통한 유망고객 확보는 보험 영업의 가장 중요한 전략일 것이다. 다시 한 번 강조하지만 소개를 많이 받기 위해서는 간절함이 중요하다. 어떤 것에 대한 간절함이 강하면 강할수록 실현 가능성은 높아진다는 것도 명심하길 바란다. 한 고객과 상담한 뒤 그 고객에게서 유망고객을 잘 소개받지 못하는 설계사는, 영업을 훨씬 어렵게 하고 있다는 사실을 명심하라. 영업의 전문가가 되고 싶은가? 지속적인 발전을 원하는가? 그렇다면 지금 당장부터라도 소개받기 위한 노력을 하라.

꾸준한 노력의 대가는 금전적 보상이다

불운 없는 성공은 없다. 실패란 그것을 인정할 때만 진짜 실패가 된다고 했다. 실패는 시도하기를 멈췄다는 뜻이다. 매일 움직여라. 그러면 많은 것을 가질 수 있을 것이다.

토머스 버크너Tomas A. Buckner는 이렇게 말했다.

"계속해서 고된 노동이 요구되는 일을 하기 위해 마음을 가다듬고 적절한 에너지를 모으기란, 누구나 겪게 되는 하나의 커다란 전투와 같다. 이 전투에서 항상 승리해야만 모든 것이 쉬워진다."

자신과의 싸움에서, 힘들더라도 포기하지 않고 나아간다는 것은 매우 큰 인내심을 요구한다.

생각해 보면 우리 인생을 바꿀 수 있는 큰 사건은 어느 순간 갑자기 일어나는 것이 결코 아님을 알 수 있다. 발전을 위해 작은 노력들을 꾸준히 해나갈 때 그것들이 쌓여 하나의 성과물이 되는 법이다.

경쟁시장에 몸담고 있는 우리는 자신이 바라는 만족할 만한 수준에 도달하고 싶어하고, 남보다 뛰어나길 원한다. 그렇게 하려면 남이 하지 않는 희생을 받드시 치러야 한다는 것은 부정할 수 없는 진리이다.

이렇게 포기하지 않고 지속적으로 노력하다 보면 가속도가 붙어 어느덧 남들보다 한참 발전해 있는 자신을 발견할 것이다. 그리고 더욱 많은 기회를 활용할 수 있고 삶과 일에 대한 지식과 지혜가 쌓여 더욱 발전하게 된다. 따라서 지속적인 노력은 어느 분야에서 어떤 일을 하건 매우 중요한 태도이다. 특히 영업하는 사람들에게는 꾸준히 활동하는 것이 성공을 위한 핵심요소이다.

어떤 일을 하더라도 지속적인 반복이 필요한 일은 항상 존재한다. 특히, 전문적인 직업일수록 반복적인 활동으로 더 많은 것을 배우게 되는 경우가 많다. 예를 들어, 만약 어떤 의사가 어떤 수술을 몇 번 해본 결과, 충분히 할 수 있다는 자신감이 들었다고 해서 그 수술에 대한 전문가로 인정받지는 못할 것이다.

이와 마찬가지로 지속적이고 반복적인 행동은 더 큰 발전을 위해 필수적인 것이다. 이렇게 하는 과정에서 창조가 발생하는 것이다. 계속 반복되는 일을 하고 있는 것 같지만 자세히 들여다 보면 조금씩 진화하고 있는 자신을 발견할 수 있을 것이다.

당신의 오늘 하루 일과는 무엇이었는가? 비가 오나 눈이 오나 반드시 반복해야 하는 일은 무엇인가? 이 물음에 명확하게 대답할 수 있어야 한다. 이 질문에 명확하게 답할 수 없다면 활동을 체계적으로 하고 있지 않다는 말이다.

계획을 세우는 것보다 더 중요한 것이 행동의 지속성 여부이다. 계획을 아무리 잘 세워도 실행력으로 뒷받침하지 않으면 무용지물이다. 성공한 사람들은 모두 행동을 한 사람이지, 계획만 세운 사람이 아니었음 알아야 한다. 완벽한 계획이라도 실행에 옮겨야 의미가 있는 것이다.

설계사에게는 실행력이 곧 능력이다. 성과가 떨어지는 설계사들의 공통점은 대부분 실행력이 떨어진다는 것이다.

영업은 동사이다. 명사가 아니다. 따라서 움직여야 한다. 지식이 없어도 영업을 할 수 있지만, 움직임이 없으면 배울 수도 없고, 얻는 것도 없다. 많이 움직여야 더 많은 것을 경험할 수 있고, 더 많은 것을 경험해야 더 많은 것을 배울 수 있고, 더 많은 것을 배워야 더 많은 창조를 할 수 있고, 더 많은 창조를 해야 더 높은 성과를 달성할 수 있다. 그 때문에 영업에서는 경험이 지식보다 우선하는 것이다. 지식은 책을 통해 단기간에 획득할 수 있지만, 지혜는 경험이 뒷받침되지 않으면 결코 얻을 수 없는 것이다. 따라서 단기간에 많은 지혜를 얻으려 한다면 주어진 시간에 남들보다 더 많이 몸을 움직여야 한다.

불운 없는 성공은 없다. 실패란 그것을 인정할 때만 진짜 실패가 된다고 했다. 실패는 시도하기를 멈췄다는 뜻이다. 매일 움직여라. 그러면 많은 것을 가질 수 있을 것이다. 그리고 큰 성공을 이룩한 사람 중에 열정과 활동량이 떨어지는 이는 없었다는 것을 잊지 말자.

제2장

▌Approaching

생각은 깊게, 행동은 단순하고 과감하게

천재적인 경제학자 케인즈는 "In the longtime, we are all dead"라고 했다. 가장 완벽한 순간을 기다리다 한평생이 끝난다는 말이다. 즉, 지금의 상황에서 활용할 수 있는 최선의 방법을 활용해 활동을 취하는 것이 가장 현명한 판단이다.

기존 고객에게 부자 유망고객을 소개받은 적이 있었다. 그런데 어떻게 된 일인지, '찾아가야 하는데' 하면서도 매번 차일피일 미루게 되었다. 왜냐하면 그 고객을 소개받고 며칠이 지나, 처음 통화를 시도했는데, 본능적으로 '너무 까다로운 고객이구나' 라는 판단이 들었기 때문이다. 솔직하게 말하면 그 유망고객과 통화를 하고 난 뒤의 느낌이 매우 부정적이었기 때문에, 포기한 건 아니었지만 소극적인 태도를 취한 것은 사실이다.

3개월이 지난 어느 날, 용기를 내어 그 유망고객을 찾아가기로 마음 먹었다. 의외로 쉽게 약속을 할 수 있었다. 어렵게 만든 자리인 만큼 적극적으로 상담에 임했다. 그런데 놀라웠던 점은 예전에 전화를 통해 느낌으로 알고 있었던 사람과는 달리 실제로는 정말 좋은 분이었다는 것이다. 오히려 다른 사람들보다 훨씬 편한 마음으로 상담을 진행할 수 있었다. 혼자만의 불필요한 상상으로 몇 달간 고민만 하고 방치하고 있었다는 생각에 자신이 한심하단 생각이 들기도 했다. 솔직히 그분을 적극적으로 찾아가지 않은 이유는 '막연한 두려움' 이 들었기 때문이었다. 당시 이 일로 저자는 소극적인 행동이 어떤 대가를 치르게 하는지 경험하게 된다.

상담을 하는 도중 그 고객은 이렇게 말하는 것이 아닌가?

"이럴 줄 알았더라면 자네에게 계약을 했으면 좋을 뻔 했어. 자네가 방금 나에게 추천했던 상품과 비슷한 것을 한 달 전에 이미 가입했다네. 조금만 빨리 찾아 왔더라면 좋았을 것을 말이야. 그리고 김 사장이 나를 추천했다면 더욱 미안하게 되었는걸."

그 말에 당황할 수밖에 없었던 나는 본능적으로 질문을 했다.

"평소에 거래하시는 분에게 계약을 하셨나요?"

"아니야, 이번에는 우리가 먼저 필요성을 느끼고 있었기 때문에, 직접 보험회사에 전화를 해서 일 잘하는 분을 보내 달라고 요청했어."

"네, 그러셨군요."

그분이 가입한 보험증권을 직접 보여주기도 했는데, 가입금액이 상상을 초월했다. 매월 2,000만 원짜리 연금보험에 가입해 있었다!

할 말을 잃어 버린 저자는 그 상황에서 그분의 증권만을 한참이나 멍하니 바라보고 있을 수밖에 없었다.

그때 왜 적극적으로 다가가지 못했을까? 결국은 이렇게 찾아올 것을 미루고만 있었던 자신을 질책하면서 많이 괴로워했다. 아마도 영업을 하는 사람이라면 이와 비슷한 경험을 한두 번쯤은 했을 것이다.

저자는 그 경험을 통해서 많은 것을 느끼게 되었다. '부딪치기 전에 먼저 불필요한 상상을 하지 말 것, 더 당당하고 적극적으로 사람에게 다가갈 것.' 당연히 그 이후로는 두 번 다시 이러한 일을 반복하지 않았기 때문에, 비슷한 상황이 일어나는 일은 없었다.

여기서 생각을 한번 정리할 필요가 있다. 왜 적극적으로 사람들에게 다가가야 하는지 명확히 할 필요가 있다. 평생 보험을 계약하지 않을 경우라면 모르지만 대부분의 경우, 사람들은 살면서 자의든 타의든 필요한 상품을 계약하게 되어 있다. 즉, 먼저 찾아가지 않으면 다른 설계사가 계약을 하게 된다는 말이다. 이왕 계약을 하는 거라면, 나에게 하는 것이 훨씬 낫지 않은가? 이것은 당신이 더욱 적극적으로 사람들 앞에 나서야 하는 첫 번째 이유인 것이다.

앞에서 언급한 저자의 경험은 매우 비싼 수업료를 지불한 경우였기 때문에 영업을 하는 내내 잊지 못하는 값진 교훈이었다.

그러고 보면 세상은 참 재미있는 것 같다. 어떠한 상황에서도 배울 점은 항상 존재하며, 그렇게 해서 배운 것은 삶에 큰 도움이 된다는 사실이 흥미롭기만 하다.

영업을 하면서 만나게 되는 많은 사람들 중에는 매우 까다롭고 때로는 대하기가 두렵기까지 한 고객들도 있다. 이러한 고객들을 피하고 싶은 마음은 거의 본능이다. 특히 초보 영업자에게는 이러한 고객들이 더욱 어렵게 느껴진다. 이러한 경우 가장 현명한 대처 방법은 더욱 적극적으로 행동하는 것이다. 사람을 만나는 일이 영업이다. 사람을 가려 만나면서 제대로 된 영업을 할 수 있겠는가?

사람을 만나는 데 두려움을 느끼는 가장 큰 이유는 바로 얄팍한 욕심이라는 말을 앞에서도 했다. 이러한 마음을 다스리려면 자신의 이익만을 위한 상품판매에 목적을 두지 말아야 한다. 고객을 어떻게 도울 수 있을 것인지 먼저 생각한 다음 고객을 만나야 한다. 그리고 자신과 함께할 때 어떠한 이득을 얻을 수 있는지를 고객에게 명확하게 알려줄 수 있어야 한다. 이러한 과정에서 반드시 필요한 것은 정직성과 도덕성이다. 자신이 판매하는 상품이 가장 최상의 선택이 아닐 수는 있지만, 고객을 도우려는 마음만 확고히 하고 다가가면 문제될 것이 전혀 없다.

확신이 들지 않은데 고객에게 권해야 하는가? 혹시 다른 상품이 더 유리하지 않을까? 혹시 시간이 흘러 더 좋은 상품이 나오게 되면 어떻게 하지? 많은 생각을 할 수도 있다.

그렇다면 반대의 논리로 질문을 해보자. 당신이 생각하는 가장 완벽한 상품이 세상에 언제 나올까? 그때까지 마냥 기다리고 있는 것이 현명한 판단일까? 고객에게 당당하게 권하지 못하는 이유가 완벽한 상품이 아니라는 판단이 들어서라면, 완벽한 상품이라는 자신의 판단 또한 주관적이므로 상황이 바뀐다 하더라도 새로운 한계는 또 존재하게 되어 있다. 그리고 만약 좋은 상품이 나오길 기다리고 있는 동안 고객에게 어떠한 사고라도 난다면 그것은 누구의 책임인가?

이러한 생각과 질문에 대한 답은 영원히 결론이 나지 않을 것이다. 천재적인 경제학자 케인즈는 "In the longtime, we are all dead" 라고 했다. 가장 완벽한 순간을 기다리다 한평생이 끝난다는 말이다. 즉, 지금의 상황에서 활용할 수 있는 최선의 방법을 활용해 행동을 취하는 것이 가장 현명한 판단이다. 마냥 생각만 하고 기다리다 사고를 당할 수는 없지 않겠는가?

생각을 깊게 하라는 말은 바로 '지금' 의 상황하에서 가장 합리적인 방법이 무엇인가에 대해 질문하고 최적의 해답을 찾아가는 과정을 말한다. 그렇게 해서 자신만의 결론을 내렸다면 그에 따르는 행동은 매우 적극적으로 해야 한다. 이것이 바로 영업을 적극적으로 해야 하는 두 번째 핵심적인 이유이다.

'너무 많은 주관적인 생각, 결론이 없는, 불필요한 두려움, 쓸데없는 주저함' 이 주는 것은 훗날 후회밖에 없다.

많은 생각을 다양하게 하되, 결론은 단순하게 내릴 줄 알아야 한다. 답도 없는 것을 생각만 너무 많이 하는 것은 영업의 발전을 가로막는다는 점을 반드시 인식할 필요가 있다.

왜 당당하게 나서지 못하는가?

당당하고 소신 있게 일하는 모습을 보여주면 상대방은 오히려 그러한 모습에서 호감과 매력을 느끼게 된다. 숨기려 하면 할수록, 피하려 하면 할수록, 위축되면 될수록 남들도 그에 맞는 시선으로 바라보게 된다.

어떻게 하면 영업을 잘할 수 있을까? 영업은 상대방에게 아쉬운 소리와 적당한 아부를 해야만 하는 직업이라고 많은 사람들이 생각한다. 사람들은 그렇게 해야 영업을 잘할 수 있다고 믿는다.

아이러니하게도 이처럼 영업하면 오히려 잘할 수 없다. 모든 사람이 생각하는 보편적인 영업 방식으로는 앞서 나가기 어렵다. 항상 강조하지만 영업에서는 차별화가 매우 중요하다.

모든 설계사들이 영업을 자신감 있게 하고 싶어한다. 지인이나 고객에게 아쉬운 소리를 하면서 영업을 하고 싶어하지는 않는다. 하지만 당당하게 일하고 싶어도 그리 쉽지만은 않다. 마음처럼 되지 않는 것이 영업이기 때문이다.

영업을 잘하는 설계사들을 보면 언뜻 일을 너무나 쉽게 하는 것처럼 보인다. 오히려 고객들에게 큰 소리를 치면서 큰 계약도 수월하게 받아오는 것처럼 보인다. '저 사람은 어떻게 저렇게 일을 잘할까?' 자신 있게 행동할 수 있는 에너지의 원천은 일에 대한 태도의 차이에서 기인한다.

대부분의 설계사들은 영업에 대한 사회적인 고정관념에 자신도 모르게 사로잡혀 있다. '상대방이 나를 어떻게 생각할까?' 라고 생각하면서 스스로 위축이 된다. 그리고 친지들에게 설계사라고 자신있게 말하지 못할 수도 있다. 자신이 남에게 피해주는 일을 하고 있다고 생각할 수도 있다. 영업을 왜 자신있게 하지 못하는 것인가? 일을 단순히 돈벌이를 위한 수단으로만 생각하고 있다면 수십 년을 영업에 종사한다 해도 발전이란 있을 수 없다. 자신이 하는 일이 그저 생활을 위한 하나의 수단으로 전락해 버렸기 때문이다. 자신이 하는 일에 대한 가치와 의미를 스스로 의심하고 있기 때문에 남들 또한 그러한 시선으로 바라보고 있음을 알아야 한다. 스스로 당당하지 못한데 남이 알아서 인정해 주기만을 바란다는 것은 있을 수 없는 일이다.

반대로 당당하고 소신 있게 일하는 모습을 보여주면 상대방은 오히려 그러한 모습에서 호감과 매력을 느끼게 된다. 숨기려 하면 할수록, 피하려 하면 할수록, 위축되면 될수록 남들도 그에 맞는 시선으로 바라보게 된다.

당당하고 자신감 있는 태도가 중요한 이유는 설계사의 태도가 고객의 판단에 지대한 영향을 주기 때문이다. 상품이 아무리 경쟁사보다 우수하다 할지라도, 회사의 평판이 아무리 좋다 할지라도, 자신없는 설계사에게는 매력을 느낄 수 없다. 회사보다, 상품보다 설계사의 인간적인 매력에 먼저 끌린다는 점을 주목하라. 고객은 그 설계사를 보고 계약하려 하지, 상품이나 회사는 그 다음 고려사항이다. 이처럼 태도가 일을 함에 매우 중대한 영향을 미침을 알고,

각자는 어떠한 태도를 가지는 것이 자기의 일에 유리한지를 끊임없이 고민하고 답을 찾아가는 것이 중요할 것이다.

아직도 지인들에게 부담주기 싫어서 그들을 피해 모르는 사람들에게 먼저 찾아가고 있는가? 이렇게 하는 것이 올바른 태도라고 믿고 있는가? 그렇다면 영업을 그만두기 전까지 결코 지인들을 찾아가지 않을 생각인가? 설사 찾아간다고 하더라도 지인들에게 피해를 끼친다고 생각해서 마냥 미안해할 것인가?

어느 설계사에게 절친한 한 친구가 있었다.

그 당시 그 친구를 찾아가기 꺼린 이유가 왠지 자존심이 상할 것 같아서였다. 약 5년이라는 시간이 지난 어느 날, 그 친구에게서 먼저 전화가 왔다. 그 설계사는 어렵게 만난 친구에게 조심스레 보험에 대한 얘기를 꺼냈다. 그 친구는 여러 가지 보험을 가지고 있었으나, 정작 받아야 할 보장을 제대로 받지 못하고 있음을 알게 되었다. 중복보장이 되는 상품을 여러 가지 가입하고 있어서 수년 간 보험료만 아깝게 납부하고 있었다. 약 3년 전에는 간이 좋지 않아 수술까지 받았다고 했다. 그 후로 그 친구는 보험에 관심이 많아졌다고 했다. 당시 그 설계사는 5년 전 영업을 처음 시작할 때 망설이지 말고 친구를 찾아가서 올바른 보장 방법을 상담해 주었더라면 지금 같은 상황이 되지는 않았을 것이라고 후회했다. 그때 자신을 먼저 찾아주지 않은 친구를 원망할 수는 없는 일이다.

그 설계사는 친구에게 왜 적극적으로 다가가지 못했을까? 그 당시 설계사는 자신의 사소한 자존심 때문에 더 중요한 것을 놓치고 말았다. 좀 더 넓게 생각하고 행동했더라면 지금의 후회스러운 일을 최소한으로 줄일 수 있었을 것이다.

이처럼 설계사들이 초기에 지인들을 찾아가지 못하는 이유는 자존심 때문이라고 믿고 있다. 보험상품을 지인들에게 판매하려고 갔을 때, 혹시라도 절친한 지인들이 부담을 느끼거나 거절을 할까 봐 적극적인 행동을 취하지 못한다. 즉, 자신의 자존심에 상처를 받을까 봐 찾아가기 싫은 것이다. 하지만 시간이 지나고 나면 대부분 자신의 소극적인 태도를 후회하는 경우가 많다. 자신이 상대방에게 이익을 줄 수 있다면 상대방이 어떠한 반응을 보이더라도 판단력이 흔들려서는 안 된다. 최소한 상대방에게 자신이 어떤 일을 하는지, 자신이 판매하는 상품이 어떤 의미와 가치가 있는지에 대한 올바른 정보는 주어야 한다. 영업을 하는 동안 발생하는 사소한 오해는 단순히 하나의 과정일 뿐이다. 영업을 하는 동안 순간 자존심이 상하는 일이 있더라도 사랑하는 사람들을 도울 수 있다는 확신으로 다가가는 태도는 용감한 행위이자 바람직한 모습이다.

소중한 사람들과 좋은 것을 함께 나누고 싶은 것이 사람의 본능이다. 가까운 사람들이 좋은 혜택을 먼저 얻도록 노력하는 것이 얼마나 좋은 일인가. 소중한 사람들이 삶의 목표를 달성하는 데 방향을 제시해 주는 것이 얼마나 좋은 일인가. 사소한 마음의 부담감을 과감하게 떨쳐 버릴 수 있어야 설계사로서 가능한 한 많은 사람들에게 선행을 할 수 있다. 열심히 활동하면 할수록 더 많은 사람들에게 도움을 줄 수 있는 직업이 설계사이다. 당당하게 영업한다는 것은 바로 이러한 확신을 가지고 사람을 대하는 것임을 잊지 말아야 한다.

당신은 고객에게 믿음을 주는 사람인가?

정직은 설계사가 갖추어야 할 최고의 덕목이다.

어떤 상품을 구입하는 고객 중에서 71%는 영업사원에게 호감이나 신뢰감을 느끼기 때문에 구입한다고 한다. 이는 고객의 상품 구매의사에 결정적인 영향을 미치는 것은 회사의 명성과 상품의 특징이 아니라, 영업사원 개인의 매력과 신뢰라는 것을 말하고 있다.

실제로 성공적인 영업을 지속하는 설계사들의 공통점은 회사의 명성이나 상품의 경쟁력에 의존하기보다는 자신만의 경쟁력을 키우는 것에 더 많은 노력한다는 점이다. 즉, 그들은 스스로 최고의 경쟁력을 갖도록 많은 노력을 하고 있다.

이는 실적부진의 원인이 외부환경이나 상품의 경쟁력에 있다고 불평하는 설계사들과는 반대이다. 이러한 태도의 차이가 바로 같은 회사에서 같은 상품을 취급하는데도 성과가 모두 다르게 나타나는 이유이다.

고객의 입장에서 생각해 보면 이와 같은 현상을 좀 더 쉽게 이해할 수 있다. 영업사원이 마음에 들지 않는데도 불구하고 어떤 고객이 회사와 상품만을 보고 가입 결정을 하겠는가? 마음에 들지 않는 설계사에게 상품을 가입해야 할 이유가 없다. 고객들이 선택할 수 있는 유능한 설계사들은 많이 있다. 고객이 좋은 상품과 좋은 회사를 선택할 권리가 있듯이, 좋은 설계사를 선택할 권리 또한 있는 것이다.

흔히 사람이 싫으면 그 사람과 관계된 모든 것도 싫어진다고 한다. 주위에서도 이러한 현상은 흔히 경험할 수 있다. 어떤 이유로 동네 구멍가게 주인이 마음에 들지 않으면, 번거롭더라도 먼 거리에 있는 다른 가게를 이용하려는 것이 사람의 심리이다.

그렇기 때문에 사람과 직접 대면하는 보험 영업에는 고객이 설계사를 마음에 들어하지 않으면 그것으로 거래는 종료된다.

이와 관련한 한 설문조사에 의하면, 고객은 초기 약 3초 만에 상대방에 대한 이미지를 형성하게 된다. 또 상품 구매에 영향을 미치는 요인으로는 첫인상이 약 70%이고 실력이 30%를 차지한다고 한다. 70%가 의미하는 것은 다양하겠지만 그중에서도 '신뢰' 가 핵심일 것이다. 마트에서 일반 생필품을 판매하는 영업사원의 경우에는 신뢰가 판매결정에 거의 영향을 미치지 않는다. 왜냐하면 상품 그 자체가 영업사원의 신뢰와는 무관하고, 선택할 수 있는 대안이 다양하며 잘못된 판단에 따른 손실이 크지 않기 때문이다. 하지만 보험 영업은 이와는 반대의 특성을 가지고 있다. 즉, 잘못된 판단을 하게 되면 시간적 · 금전적 · 기회적인 손실이 막대하다. 그러므로 고객은 신중한 태도를 가질 수밖에 없다.

그렇다면 설계사가 고객에게 신뢰를 얻으려면 어떤 노력을 해야 하는가? 첫째, 정직해야 한다. 둘째, 자신의 이익보다 고객의 이익을 먼저 생각해야 한다. 마지막으로, 성실한 모습을 보여야 한다.

중요한 것은 이 모든 것들이 각기 다른 영역이 아니라는 점이다. 이렇게 나열해 놓고 보면 실행하기 힘들 것 같지만, 실제로는 그렇지 않다. 위의 사항은 모두 설계사의 정직한 태도에서 비롯하는 것이다.

어떤 설계사가 정직하게 일할 것을 다짐했다는 것은, 일을 하는 동안 고객을 속이는 행동을 하지 않겠다는 뜻이다. 즉, 순수하게 고객의 입장에서 이익이 되지 않는 상품 판매는 하지 않을 것이고, 또 일하는 과정에서 고객을 속이거나 기만하는 행위는 하지 않을 것임을 뜻한다. 이러한 태도를 바탕으로 고객들이 최상의 선택을 할 수 있도록 노력하는 과정에서 서로에 대한 '신뢰'가 형성되는 것이다.

그리고 고객으로 하여금 설계사가 자기 편이라는 느낌을 갖도록 노력하는 것도 신뢰 형성에 매우 중요하다. 고객은 이용당하는 것을 싫어한다. 만약 고객이 이용당한다는 기분이 들거나, 설계사에게 이익이 되는 거래를 한다는 생각을 하게 되면 그 설계사를 믿으려 하지 않을 것이다. 따라서 이에 대한 올바른 이해와 태도가 전제되어야 고객의 신뢰를 얻게 될 것이다.

노련한 설계사들은 고객에게 집중하는 영업이 자신에게 더 큰 이익이 됨을 잘 아는 사람들이다. 고객을 돕겠다는 자세로 매우 적극적으로 고객을 찾아 나선다.

다시 한 번 강조하지만, 무엇보다 설계사는 정직해야 하는 직업임을 명심하라. 고객의 입장에서 본다면 정직한 영업사원은 존재하지 않을지도 모르지만, 고객은 정직한 설계사를 간절히 원한다. 따라서 정직하게 영업을 한다는 말은 고객이 원하는 것을 하고 있음을 뜻한다. 이는 고객에게서 선택받을 수 있는 가능성이 누구보다 높음을 의미하고, 나아가 설계사로서의 성공을 의미한다. 정직은 설계사가 갖추어야 할 최고의 덕목이다.

정직은 실력과는 차원이 다른 말이다. 영업을 잘하기 위해서 배워야 하는 기술은 일을 하면서 배워 나가는 것이지만, 정직은 지금 바로 실천할 수 있는 태도이다. 하지만 정직은 10년이 넘은 고참 설계사들에게도 필요한 덕목이다.

정직하지 않더라도 쉽고 빠르게 갈 수 있는 길은 항상 존재한다. 조금만 다르게 생각하면 쉽게 할 수 있다는 유혹을 뿌리치기란 결코 쉬운 일이 아니다. 그럼에도 정직하게 영업을 해야 한다. 결국에는 정직이 가장 확실하고 가장 빠른 영업 방식이기 때문이다. 정직하게 영업하는 것이 그렇게 어려운 일인가? 전혀 그렇지 않다. 정직한 영업에 진가를 알지 못하는 소수의 사람들이 정직한 영업이 어렵다고 말할 뿐이다. 정직한 영업이 어렵다는 말에는 어떠한 논리도, 이유도 없다. 영업에서는 정직할수록 오히려 더 많은 성과를 올릴 수 있는 기회들이 더 많이 있다. 생각과 태도를 조금만 바꾸면 결과가 크게 달라진다는 점을 알아야 한다. 고객은 설계사가 믿을 수 있는 사람인지 직관적으로 판단할 수 있다. 그럴듯한 논리나 이론으로 고객을 잠깐 속일 수는 있지만, 느낌이나 직관까지 조종할 수는 없다. 사람들에게 단순한 사실만을 전달하는 것이 영업은 아니다. 사람을 만나기 전에, 신뢰가 영업에서 왜 그토록 중요한 것인지, 그리고 어떻게 활동하는 것이 고객의 신뢰를 확보할 수 있는 것인지 깊이 생각해 보길 바란다.

먼저, 고객의 부담을 최소화하는 데 노력하라

고객에게 적당히 부담감을 주면서 영업을 하는 것이 유리할까? 아니면 고객의 부담감을 줄여주는 것이 유리할까?

영업 초기에는 일반적으로 가까운 지인들을 먼저 찾아가게 된다. 이때 설계사들은 지인들의 반응에 매우 민감하다. 영업을 하기 전에는 마음 편하게 항상 볼 수 있는 사이였는데, 영업을 시작하고 나서는 전혀 다른 관계가 되어 버렸다는 느낌을 가질 때가 많다. 특히, 가까운 지인들에게서 나오는 냉담한 반응이나 거절은 마음에 심한 상처를 주기도 한다. 어떤 설계사들은 이러한 이유로 보험 영업을 하는 동안은 지인들을 찾아가지 않을 것이라고 다짐하기도 한다.

중요한 점은 상대방의 이러한 반응이 이상한 것이 아니라 정상이라는 것이다. 예전보다는 덜하지만 아직까지도 보험설계사에 대한 고정관념이 존재하는 것이 사실이다.

가까운 사람이 보험 영업을 하게 되어 만나자는 연락이 오면 대부분의 사람들은 부담을 가지게 된다. 상대방의 이러한 태도를 이해하지 못하면 어려워지는 것은 자신이다. 지인이든 아니든 많은 사람들은 설계사를 만나는 것 자체에 큰 부담을 느낀다. 이런 이유로 만날 기회조차 가질 수 없는 경우도 발생하기 때문에 일을 진행하는 데 많은 어려움이 따른다. 그렇다면 고객에게 적당히 부담감을 주면서 영업을 하는 것이 유리할까? 아니면 고객의 부담감을 줄여주는 것이 유리할까? 정답은 후자이다.

아래는 홍길동 설계사가 김 선생님을 소개받아서 전화하는 장면이다.

"안녕하십니까? 저는 ○○생명보험에서 근무하는 홍길동이라고 합니다. 김 선생님 맞으신가요?"

"네, 그렇습니다만 무슨 일로 전화하신 건가요?"

"네, 박 사장님 알고 계시죠? 박 사장님께서 김 선생님을 꼭 찾아 뵈라는 당부를 하셨습니다. 그래서 이렇게 연락을 드리게 되었습니다."

"아, 그런가요? 그런데 보험회사에 다니신다고요? 그렇다면 저는 홍길동 씨를 만날 필요가 없는 것 같은데요. 기존에 보험상품을 많이 가입한 상태라 더는 여력이 없습니다."

"네, 그러시군요. 그렇다면 오히려 잘되었습니다. 기존에 값은 보험을 가입하고 계시니 보험 가입 권유 때문에 스트레스받을 이유는 없으시니까요. 저도 부담 없이 만나 뵙고 싶습니다."

"보험 가입을 하지 않는데 왜 만나려 하는 건가요?"

"네, 박 사장님의 간곡한 당부도 있으셨지만, 제가 김 선생님을 개인적으로 한 번 뵙고 싶습니다. 제가 몇 가지 여쭙고 싶은 것도 있고요. 그리고 김선생님, 저도 눈치가 있는 사람입니다. 김 선생님께서 저를 만나지 않으시려는 이유는 충분히 이해가 됩니다. 하지만 이번 만남에는 그런 걱정은 하지 않으셔도 됩니다. 제 말이 무슨 뜻인지는 아시겠죠? 얼굴이라도 잠시 뵙고 싶습니다. 언제가 괜찮으시겠습니까? 저는 수요일 오전과 목요일 오후시간이 괜찮습니다만."

"정 그러시다면……."

위의 대화 내용처럼 대부분의 경우 고객들은 설계사의 전화에 많은 부담을 가지고 있다. 보험의 특성상 고객이 먼저 가입 필요성을 느끼고 가입하는 경우는 많지 않다. 그만큼 고객의 태도는 소극적인 반면, 설계사의 태도는 적극적일 수 밖에 없는데, 이러한 상황이 설계사와 고객의 심리싸움을 하게 만든다. 어떤 만남을 가지기 전에 고객이 먼저 부담을 가질 가능성이 매우 높다는 것을 미리 인식해, 이러한 불안을 최대한 없앨 수 있도록 행동할 필요가 있다.

앞의 전화 예시에서 설계사는 고객이 많은 부담을 가지고 있음을 이해하고, 고객의 부담감을 줄여주기 위해 노력하고 있다. 고객의 심리를 이해하고 있다면 그 상황을 회피하지 않고 고객의 부담을 줄이는 노력을 함으로써, 자신에게 유리한 상황을 전개해 나갈 수 있다. 실전에서도 이러한 적극적인 노력이 매우 중요한 것임은 두 말할 필요가 없다. 전화를 하는 목적은 만남 약속을 잡는 것임을 명심하고 최대한 그 목적에 충실하되, 목적을 이루는 데 방해가 되는 것이 있다면 적극적으로 그것을 제거하는 노력을 해야 한다.

"사장님께서 많이 부담을 느끼고 계시는 것 같습니다. 저도 사장님의 입장을 충분히 이해합니다. 사장님께서 원하시지 않으면 어떠한 절차도 진행하지 않겠습니다. 약속 드리겠습니다. 그러나 사장님, 꼭 한 번만이라도 뵙고 싶습니다. 내일 오전은 시간이 괜찮으실까요?"

이처럼 고객이 부담스러워하는 것을 풀어주면서 접근을 시도하면, 약속이 이루어질 가능성은 높아진다. 그리고 꼭 만나고자 하는 설계사의 간절함이 충분히 전달될 수 있도록 하는 것도 중요하다. 그저 만나 달라는 말을 계속 되풀이하거나, 전화상으로 보험에 관한 이야기를 장황하게 늘어 놓는 행위는 자신에게 결코 유리하지 않음을 알아야 한다. 영업을 하기 전에 먼저, 상대방과 좋은 관계를 맺어야 한다. 판매는 서로간에 신뢰가 형성된 이후에나 가능하기 때문에, 절차상 고객과의 관계를 돈독하게 하는 데 먼저 집중할 필요가 있는 것이다.

고객의 거절에 설계사가 거의 반사적으로 대응하는 것은 효과적인 대처방법이 결코 아니다. 상대방의 입장을 먼저 이해하려는 태도보다는, 설계사의 목적이 중요하다는 인식을 심어줄 수 있기 때문이다. 아무리 좋은 화법이라 할지라도 그것이 설계사의 입장을 대변하는 것이라면 오히려 역효과를 낳을 수 있다. 사소한 말 한마디라도 고객의 입장을 배려하기 위해 노력하는 태도는 고객이 느끼는 부담을 줄여주는 데 큰 역할을 한다.

상담을 진행하면서도 고객의 반응이나 태도를 관찰해야 한다. 만약 어느 부분에서 고객이 부담을 느끼고 있다는 판단이 들면, 그 점에 대해서는 짚고 넘어가는 것이 유리하다. 그 점을 해소하지 못한 상태에서 상담을 진행하면 그것 때문에 상담 전체가 엉망이 될 수 있기 때문이다. 왜냐하면 고객은 불만이나 의문이 조금이라도 들면 적극적인 행동을 하지 않으려고 하기 때문이다. 그리고 고객이 불만이나 부담감을 가진다고 해서 무조건 부정적인 반응은 아니라는 점을 알 필요가 있다. 고객이 불만이 있다는 뜻은, 그 불만을 해소해 주면 고객이 만족할 수 있다는 의미이기도 하다. 즉, 고객의 불만은 아주 적극적인 의사표현이라고 생각하면 전혀 무리가 없다. 고객이 불만이 있다는 것은 관심이 있다는 뜻이기 때문이다. 오히려 어떠한 불만도 표현하지 않는 고객이, 대하기가 더 어렵다.

현명한 설계사는 고객의 부담을 자연스럽게 받아들이고 고객과 좋은 관계를 만들기 위해 노력한다. 고객이 부담을 느낀다는 것을 알면서 소극적으로 대처해서는 안 된다. 적극적이고 솔직하게 대응함으로써 고객과 좋은 관계를 형성하는 데 긍정적인 영향을 미칠 수 있다. 특히 전화 약속을 잡을 때 주의하기 바란다. 영업을 하면서 어려운 문제에 빠질 때마다 고객의 입장에서 생각하는 습관을 가지면 더욱 합리적인 해결점을 찾는 데 많은 도움을 받을 수 있다.

영업에서 활동원칙은 생명과도 같다

당신은 어떤 원칙에 따라 활동하는가? 어떠한 어려움이 있더라도 반드시 지켜야 하는 당신만의 행동 원칙이 있는가?

미국의 유명한 동기부여 강사인 존 멕스웰은 이렇게 말했다.

"위로 올라가는 성장을 할 때 가장 어려운 부분은 배운 것을 실천에 옮기는 일이다. 바로 여기에 진정한 가치가 놓여 있다. 항상 모든 학습의 최종 테스트는 적용 여부에 있다. 배운 것을 자기 자신이나 다른 사람을 도와 향상시키는 데 사용한다면 배우려고 노력할 만한 가치가 있다."

사람 만나는 일이 주 업무인 설계사는 사람을 찾고, 만나고, 상담하는 일련의 과정을 반복한다. 이 과정을 반복하면 할수록 기술과 경험이 축적되어 생산성은 높아지게 된다. 하지만 경험이 축적된다고 해서 모든 것이 자연스럽게 발전하는 것은 아니다. 노력하는 과정에서 일에 얼마나 집중하는가에 따라 개인차는 많이 벌어지기 때문이다.

반복되는 일련의 과정을 끈기 있게 이어갈 수 있어야 한다. 이로써 쌓은 경험과 지식을 기반으로 해 새로운 방식을 창출해 내야 한다. 이를 위해서는 일정한 활동량을 유지하기 위한 원칙을 세워 지키는 것이 관건이다.

당신은 어떤 원칙에 따라 활동하는가? 어떠한 어려움이 있더라도 반드시 지켜야 하는 당신만의 행동 원칙이 있는가? 원칙이 습관을 형성하게 한다. 일에 대한 올바른 습관에는 어려운 일도 쉽게 만드는 마법이 있다. 어느 연구기관에 의하면, 비슷한 일을 21차례 반복하면 습관으로 이어진다고 한다.

이처럼 원칙이란, 활동을 지속할 수 있게 하는 기준이다. 활동 기준을 고수한다는 것은, 활동량을 일정하게 유지한다는 의미이고, 활동량을 일정하게 유지한다는 것은 기복 없이 안정적인 성과를 낼 수 있는 바탕이기 때문에 의미가 있다. 영업을 하는 사람에게 자신의 수입이 지속적으로 향상한다는 사실은 매우 고무적인 일이 아닐 수 없다. 또한 이것은 영업을 장기간 할 수 있게 하는 좋은 동기부여가 되기도 한다.

이와 관련해 어떤 보험회사에서는 신입사원들에게 '한 주에 3

건씩 계약하기' 라는 캠페인을 펼치고 있다. '한 주에 3건씩 계약하기' 원칙을 지키려면 활동량을 지속적으로 유지해야 한다. 이 과정에서 일에 대한 올바른 습관이 자연스럽게 형성될 것이다. 원칙을 꾸준히 지켜 나가다 보면 어느덧 성공의 문턱에 도달할 것이다.

여기서 짚고 넘어가야 할 중요한 사항이 있다. 원칙을 지킨다는 의미를 일하는 과정에 두어야지, 결과에만 두면 바람직하지 못한 부작용들이 발생할 수 있다는 점이다. 이에 따른 부작용은 단순하게 볼 것이 결코 아니기 때문에 더욱 조심해야 한다. 이것은 설계사와 고객 모두에게 손해를 끼치기 때문이다. 즉, 매주 3건씩 계약한다는 결과에만 집착하다 보면, 과정을 무시하거나 3건의 계약을 위해 바르지 못한 일도 할 수 있게 된다. 이같이 원칙을 지키기 위해 원칙을 깨는 태도는 결코 바람직하지 않다. 안타깝게도, 좋은 의도로 시작했던 많은 설계사들이 과정을 무시하고 결과에만 집착하며 활동하는 경우를 많이 보았다.

마라톤 선수들은 42.195km를 달리면서 전 구간을 똑같은 속도로 달리는 것이 아니다. 자신의 체력과 구간별 특징을 감안해 각 구간에서 어떻게 달릴 것인가, 전체 구간의 특징을 감안해 체력 안배는 어떻게 할 것인가 등의 전략과 전술이 있다. 마찬가지로 영업활동에서도 자신의 장단점과 보험 영업의 특징을 파악해 그에 맞는 원칙을 세우는 일이 중요하다. 그리고 무엇보다 중요한 것은 그 원칙을 지키며 끝까지 포기하지 않고 달리는 것이다.

낯선 사람 만나는 것을 두려워 마라. 하루에 새로운 유망고객 2명은 무조건 만드는 것을 원칙으로 할 수도 있다. 여기서 유망고객이란 다음 만남이 가능한 고객을 말한다. 많은 사람을 만날수록 더 많은 기회를 얻을 수 있는 것은 자명한 사실이다.

예를 들어, 오전에 3명을 만나 다음 만남이 가능한 유망고객 1명을 만들었다면, 오후에도 새로운 유망고객 1명을 찾기 위한 노력을 하는 것이다. 기존 고객에게 소개받아도 되고, 새롭게 계약한 고객에게 소개받아도 되며, 전혀 모르는 사람을 만나도 된다. 따라서 어떠한 방법을 동원해서라도 하루에 유망고객 2명을 찾아내는 것이 핵심이다.

이 원칙을 지켜 나가다 보면 하루 일정이 점점 바빠질 것이다. 힘들더라도 포기하지 말고 계속 밀고 나가야 한다. 원칙은 지키기 위해 있는 것이다. 원칙을 지켜 나가면 결국 많은 것을 얻을 수 있다는 사실을 잊지 마라. 반대로 원칙을 지키지 않기 때문에, 혹은 원칙이 없기 때문에 일이 더 힘들어진다는 사실도 잊지 마라.

설계사에게 '바쁘다'는 말은 매우 긍정적인 표현이다. 바쁘지 않은 설계사는 심리적으로도 불안하다. 쉬고 있어도 마음이 편하지 않다. 따라서 바쁘게 움직여야 심리적인 불안을 없앨 수 있고 생활에 대한 스트레스에서 벗어날 수 있다.

매일 바쁘게 움직이기 위해서는 원칙을 세우고 지켜 나가려는 인내심이 필요하다. 이렇게 하면 무엇보다도 찾아갈 곳이 없어 그만두는 일은 없을 것이다. 다른 설계사들이 말하는 슬럼프라는 것은 더 이상 자신의 이야기가 아니다. 하루 동안 열심히 일을 하다 보면 유망고객을 1명도 발굴하지 못할 때도 있고, 10명 넘게 발굴할 때도 있을 것이다. 하지만 중요한 것은 자신의 원칙을 지켜 나간다는 사실이지, 단기적인 성과의 유무가 아님을 알아야 한다.

이렇게 노력하다 보면 유망고객의 리스트가 계속 업그레이드 될 것이다. 영업으로 자수성가한 설계사들은 대부분 이렇게 활동했고 지금도 이렇게 하고 있음을 알 수 있다. 그들은 이렇게 해야 자신의 성공을 계속 이어나갈 수 있고 더 많은 기회를 얻을 수 있다는 것을 명확하게 알기 때문이다.

더운 여름날이나 추운 겨울날에는 제철에 맞게 온냉방 시설을 갖춘 사무실에서 일하는 사람들이 부럽기도 하다. 또한 영업을 하다 보면 때론 매월 정액으로 월급을 받는 직장인들이 마냥 부럽게 느껴질 때도 있다. 이처럼 일에 몰두할 때는 일 외에는 아무것도 보이지 않다가도 일이 잘 되지 않을 때는 남의 떡이 크고 맛있어 보이기도 한다. 이러한 마음의 요동은 누구나 겪게 되는 자연스러운 현상이다. 그렇기 때문에 마음이 흔들릴 때조차도 자신의 꿈을 향해 지속적으로 정진할 수 있는 힘을 스스로 기르는 것이 중요하다.

포기하지 않고 자신과의 약속을 지키려는 의지와 끈기는 어떤 일을 하더라도 중요한 태도이다. 힘이 들 때 스스로 동기부여할 수 있는 힘도 바로 미래에 대한 희망이 있기 때문이다. 미래의 성공은 오늘 하루 지킨 원칙들에 대한 보상인 것이다.

Approaching skill (심리적 측면)

어떻게 영업하는 것이 고객을 더욱 행복하게 할 수 있는지, 어떠한 삶을 사는 것이 자신을 더 의미 있고 가치 있게 하는지 끊임없이 고민하고 연구해야 한다. 왜냐하면 자신과 이웃에 대한 사랑과 애정이 없이는 결코 자신의 삶을 소중하게 만들어 나갈 수 없고, 타인의 삶 또한 행복하게 만들 자격이 없기 때문이다.

영업의 최종적인 목표는 계약 체결에 있다. 영업활동의 결과가 제로섬 게임이 되거나 상대방에게 피해를 끼치게 되는 경우라면 거래하지 않는 것이 낫다. 하지만 주위를 보면 자신의 이익과 목표는 아주 중요한 반면, 상대방이 받게 될 피해와 위험은 소홀히 여기는 것을 종종 볼 수 있다. 시간이 지나면 알게 되겠지만, 이는 궁극적으로 서로에게 피해만 남기게 될 가능성이 매우 높은 태도이다. 자신의 선택과 행동에 따르는 책임이 자신에게 있다고 하더라도, 타인의 잘못으로 인한 손해까지 받아들여야 하는 것은 너무나 억울한 상황이 아닐 수 없다. 따라서 영업이라는 게임의 최종 승자는 반드시 고객이어야 한다는 점을 반드시 자각할 필요가 있다.

설계사라는 직업은 고객을 위해 일하는 과정에서 보람을 느껴야 성공할 수 있는 직업이다. 더 많은 고객들이 꿈을 이룰 수 있도록 최선을 다함으로써 자신의 삶의 목표도 함께 이룰 수 있다. 그렇기 때문에 가능한 한 새로운 사람을 많이 만나고 그들의 이익을 위해 최선을 다하는 것이 설계사가 해야 할 가장 중요한 행동임에는 의심의 여지가 없다.

혹시 고객이 이런 순수한 마음을 알아주지 않는다 해도 문제될 것은 없다. 단지 어떤 고객을 만나더라도 일관된 행동을 하면 된다. 영업을 하면서 알게 된 사실은 진실한 마음은 반드시 통하게 되어 있다는 것이다.

고객은 설계사를 신뢰하지 않는다는 표현을 결코 하지 않는다. 오히려 설계사에게 더욱 많은 배려를 하기도 한다. 즉, 고객과의 만남을 가지면서 고객의 진실된 의중을 파악하지 못한다면 장기간 만남을 가져도 어떠한 발전도 없는 평행선을 그리게 될 가능성이 높아지게 된다. 그렇다면 판매과정이 어떻게 흘러가야 효과적인지에 대해 알아보자.

우선, 첫 상담에서는 '신뢰 형성'에 목적을 두는 것이 현명하다. 보통 첫 상담의 목적과 의미가 정확하게 정립되어 있지 않으면 예상하지 않은 일들이 종종 발생하게 된다. 이를테면, 우연히 알게 된 사람과 보험 이야기를 하다 보니, 상대방이 우호적인 태도를 보여 설계사는 보험에 대한 니즈가 강하다고 판단해 가입을 적극적으로 권유했는데 다음 만남 약속도 받지 못하는 경우도 있다. 이처럼, 특히 첫 상담에서 명확한 목적이 없으면 많은 기회를 놓치는 우를 범할 가능성이 높다. 많은 설계사들이 첫 상담의 중요성을 간과하는 경향이 있다. 연구에 따르면 첫 상담이 영업의 성공 여부에 약 90%의 영향을 미친다고 한다. 이 말은 첫 상담이 성공적인 영업을 하는 데 얼마나 중요한 것인지를 보여준다.

만약 첫 만남에서 고객에게 신뢰를 받아 다음 만남 약속을 잡게 되면 중요한 첫 고개를 잘 넘은 것이라고 봐도 된다. 고객에게 신뢰를 받았다는 것은 영업 과정 전체를 봤을 때, 9부 능선을 넘었다는 의미와 같다. 대부분의 경우, 첫 상담을 실패하기 때문에 다음 상담기회를 잡지 못하는 것이다.

고객에게 어느 정도의 신뢰를 받았다면 그것을 더욱 확고히 다지는 단계에 착수한다. 즉, 이러한 신뢰를 바탕으로 니즈를 환기시키는 단계이다. 우선 고객이 안고 있는 문제점을 찾아내 해결책을 제시한다.

여기서 중요한 것은 해결책 제시보다는 문제점 제시에 더 많은 의미를 두어야 한다는 점이다. 보통 설계사들은 팔려는 욕구가 너무 강해 해결책 제시에 적극적임을 알 수 있다. '가입설계서' 를 미리 준비해 와서 상품 설명에 돌입하는 것이다. 이러한 태도는 고객에게 거절당할 가능성이 높다는 것을 빨리 인식해야 한다. 고객이 보험을 가입하는 이유는 자신의 문제점을 심각하게 인식한 뒤, 그 해결책으로 보험을 생각하기 때문이다. 그러므로 해결안의 제시보다 문제점의 부각에 더 집중해야 한다. 앞뒤가 바뀐 상담을 하고 있으니, 올바른 판매가 되겠는가. 그리고 설계사가 해결책에 더 큰 의미를 둘수록 고객은 그 해결안의 가치보다는 부수적인 것에 관심을 많이 가지게 된다는 것도 알아야 한다. 예를 들면, 문제를 해결해야 한다는 목적의식보다 해결책에 드는 다양한 조건들에 더 많은 관심을 가지게 되어, 불필요한 논쟁을 일으킬 가능성이 높아지는 것이다. 문제점의 심각성을 깊이 인식시키면 시킬수록 비용의 부담은 상대적으로 줄어들 수밖에 없는 이치이다.

또 하나의 고개는, 설계사가 제시한 해결책에 대한 거절이다. 이는 설사 고객이 당면한 문제점을 심각하게 인지한다 해도, 설계사 제시한 해결책이 니즈를 충분히 충족시키지 못한다고 고객이 생각하는 경우이다. 즉, 설계사가 추천하는 상품에 고객이 만족하지 않는 경우이다. 상품에 불만이 많거나, 비용을 부담스러워 하거나, 설계사가 제시한 해결책에 의구심을 가지는 경우일 것이다.

이러한 현상이 일어나는 원인은 설계사가 최적의 해결책을 제시하지 못해서인 경우도 있지만, 고객이 상품을 제대로 이해하지 못하거나 사소한 오해를 해 발생하는 경우가 많다. 오해를 줄이기 위해서는 상담과정에서 발생하는 고객의 의문점이나 불만사항을 짚고 넘어가는 지혜가 필요하다. 그리고 고객의 니즈를 제대로 파악해, 잠재해 있는 니즈를 끄집어내 확대시켜야 한다. 그리고 그 니즈를 채우고 차후에도 관리해 줄 사람이 바로 자신이라는 인식을 강하게 심어주는 노력이 필요하다.

따라서 각각의 상담과정에서 이러한 현상이 발생할 수 있음을 미리 염두에 두고 준비하는 것이 현명할 것이다. 사소한 것이라도 막상 직면하면 어쩔 줄 몰라 상담 자체를 그르칠 수 있기에, 가능한 한 사전에 철저하게 준비하는 것이 좋다. 현명한 설계사는 상담에 방해가 되는 거절들을 미리 제거하는 데 역점을 둔다. 이는 많은 경험을 통해 배운 지혜라고 할 수 있다.

그렇다면 유망고객들이 설계사를 처음 만나서 계약하기까지에는 과연 어떠한 심리적 변화가 있을까? 이제껏 설계사의 입장에서 고객을 공략하는 연구를 했다면, 이제는 고객의 구매심리에 대해서 알아볼 필요가 있다. 고객의 심리를 알면 다양한 상황을 현명하게 대처할 수 있기 때문에 상담에 성공할 가능성이 높아진다.

설계사가 고객에게 처음 다가갈 때, 고객의 반응은 한마디로 '거부' 라고 할 수 있다. 고객과 설계사는 서로에 대해 아무것도 아는 것이 없는 상태이다. 더구나 초면이다. 설계사에 대한 것이든 상품에 대한 것이든, 이러한 상태에서 고객의 거부는 자연스러운 현상이다. 그렇기 때문에 이 단계에서는 선불리 보험에 관한 이야기를 하는 것보다는 신뢰감을 형성하거나, 서로 익숙해지는 것에 집중하는 것이 좋다. 모든 것이 낯설기 때문에 천천히 서로 알아가는 과정이 필요하다. 익숙해지는 것에 시간이 얼마만큼 필요한지는 사람에 따라 모두 다르다. 조급해하지 말고 일관된 모습을 보여야 한다. 이때 유망고객들이 하는 거절을 가볍게 받아들이는 여유는 매우 중요하다. 고객들이 하는 거절이 반드시 거절을 뜻하는 것은 아니기 때문이다.

"서로 많이 어색한 상태인데 진도를 너무 빨리 나갈 수는 없지 않아요? 시간을 가지고 차근차근 서로 알아가면 어떨까요?", "시간이 좀 더 걸리더라도 포기하지 마세요. 지금은 관심 없다고 말할 수밖에 없네요.", "제가 얼굴을 좀 많이 가리는 편입니다. 그러니까 제가 좀 더 편해질 때까지 자주 보는 게 어때요?"

유망고객이 하는 거절은 위와 같은 뜻이라고 생각하라. 특히 개척을 하는 경우에 이러한 마음의 여유를 가지는 것이 유리하다. 그렇기 때문에 포기하지 말고 그들의 요구사항을 들어주기만 하면 된다. 사실 이 단계에서 가장 많은 설계사들이 포기한다는 사실을 주목할 필요가 있다.

'신뢰 형성' 단계를 잘 이겨내면 다음은 유망고객과의 친분 관계가 형성되는 단계로 넘어간다. '신뢰 형성'과 '관계 형성'의 경계선을 긋기는 쉽지 않다. 첫 만남에서 포기하지 않으면 자연스럽게 '관계 형성' 단계로 발전한다는 사실이 중요하다. 즉, 목표를 관계 형성에 두고 서로 많은 대화를 할 수 있도록 노력하는 것이다. 초기의 어색한 단계를 지나 서로 친해지기 위한 과정이다. 실험에 의하면 어떤 사람과 3번 만나게 되면 부분적으로 서로 관심을 갖게 된다고 한다. 이 단계에서 설계사에게 특히 중요한 기술은 질문과 경청이다. 이렇게 한다고 모든 유망고객과 친해지는 것은 아니다. 어떻게 만나는 모든 고객에게 100% 성공적인 영업을 할 수 있겠는가? 이 단계에서는 고객에 대한 관찰을 통해 이것을 적절하게 상담에 연결하는 것이 중요하다. 고객이 무슨 말을 하는지, 어디에 관심이 있는지, 재정상태는 어떠한지에 대해서 최대한 많은 정보를 수집할 필요가 있는 단계이다. 그렇다고 정보 수집을 위해 섣불리 공격적으로 접근하면 낭패를 보기 쉽다는 것쯤은 상식으로 알아둘 필요가 있다. 고객을 진심으로 돕고 싶다는 마음이 전달되도록 최대한 노력하라. 이것이 불필요한 탐색전으로 시간을 허비하지 않는 방법이다.

고객의 정보를 수집하는 데 특히 주의해야 할 점은 정보 제공자의 태도와 정보에 대한 신뢰성이다. 일반적으로 서로 신뢰가 형성되지 않은 상태에서 설계사의 정보파악 시도는 고객으로 하여금 더욱 소극적인 태도를 취하게 만든다. 고객이 설계사를 신뢰하지 않는데, 개인적인 정보를 제공하려 할까? 만약 제공한다고 하더라도 신뢰하지 못할 정보일 가능성이 높다. 문제는 정확하지 못한 정보를 가지고 아무리 좋은 해결책을 고객에게 제공한다 할지라도 고객을 설득할 수가 없다. 자기의 이야기가 아니기 때문이다. 이처럼 관계 형성 단계에서 서로에 대한 신뢰는 영업 전체를 좌우하므로 신중하고 조심해야 한다.

그리고 고객의 정보에도 차이가 있다. 재무정보는 하드웨어적인 성격이 강한 정보이다. 수입, 지출, 투자, 대출 등의 정보를 파악했다고 하더라도 안심해서는 안 된다. 이 정보와 함께 파악해야 하는 핵심 정보는 '그들의 관심사항이 무엇인가?', '그들의 삶의 목표는 무엇인가?', '그들이 지금 어려워하고 있는 것은 무엇인가?',

'그들의 삶에 대한 가치관은 무엇인가?' 등에 관한 것들이다. 노련하지 못한 설계사들은 이러한 정보를 간과하는 경향이 많다. 고객의 성향이나 가치관을 파악한다는 것은, 그 사람이 삶에서 무엇을 중요하게 생각하는지, 삶의 목표가 무엇인지에 대한 태도를 알 수 있는 매우 중요한 정보이기 때문에, 상담 시 이러한 정보를 알아낼 수 있도록 다방면으로 노력해야 한다. 이러한 정보들은 자연스러운 대화를 통해서 알아내야 한다. 따라서 자연스럽고 다양한 질문을 활용하는 능력이 중요하다. 따라서 이 단계에서는 이처럼 다양하고 종합적인 정보를 알아내 통합하는 것이 단순한 재무정보만을 파악하는 것보다 중요하다.

만약 어떤 사람을 처음 만나 여기까지 잘 이어질 수 있다면 실질적으로 영업의 90%를 성공한 것이나 다름없다.

그 다음으로는 '니즈 환기' 단계이다. 설계사와 자주 접하게 되면서 고객은 자연스럽게 보험에 관한 생각을 하게 된다. 자신이 기존에 가입하고 있는 보험에서부터 새로운 보험이 필요한지에 이르기까지 다양한 생각을 하게 된다. 생각을 한다고 해서 새로운 계약을 체결할 가능성이 높다는 것은 결코 아니다. 많은 생각 끝에 새로운 보험상품을 가입하지 않기로 결정할 수도 있기 때문이다.

이 단계에서는 고객의 추가적인 니즈를 발견하기 위해 노력해야 한다. 니즈는 고객이 기존에 느끼고 있을 수도 있고, 고객이 전혀 모르고 있는 것을 새롭게 발견할 수도 있다. 단순히 문제나 니즈를 발견하는 차원이 아니라, 그 문제와 니즈가 고객의 인생에서 왜 중요한지, 그것을 방치할 때 어떠한 위험이 있는지, 준비하지 않아 치르게 될 대가는 얼마나 되는지에 대해서 현실적인 방법으로 전달할 수 있어야 한다. 설계사가 발견한 문제점에 대해 고객이 느끼는 심각성이 크면 클수록 설계사의 도움을 적극적으로 요구할 가능성이 높아진다.

고객의 니즈를 강하게 인식시키는 과정에서 역지사지하는 태도는 최상의 테크닉이다.

마지막으로 '클로징' 단계이다. 고객이 자발적으로 설계사에게 도움을 구하도록 해야 하는 단계이다. 지금까지의 과정을 거치면서 고객은 설계사를 믿게 되었고, 당면한 문제점을 해결하기 위해 설계사의 도움이 필요한 상황이 되었다. 고객은 마주하고 있는 설계사가 그의 어려운 문제를 해결해 줄 수 있다고 믿게 된다. 이때, 설계사는 고객의 문제를 해결하기 위해 다양한 방법을 사용해 최적의 해결책을 고객에게 제공해야 한다. 만약 자신이 취급하지 않는 상품으로 고객의 문제를 해결하는 것이 더 유리하다는 판단이 들면, 쉽지는 않더라도 기꺼이 그 판단에 따르는 용기도 필요하다. '더 큰 전진을 위한 작은 후퇴' 라고 생각하라. 고객은 당신의 이러한 태도에 더 많이 감동하게 되고, 더 신뢰하게 된다. 이는 향후, 고객에게서 추가적인 계약을 받을 가능성이 높다는 의미이고, 고객에게서 더 많은 유망고객을 소개받을 수 있다는 의미이다. 조금 욕심을 줄이는 태도가 더 많은 것을 얻는 길이 될 수 있다.

지금까지 보험계약을 단계별로 알아보았다. 그다지 새로울 것도 없다. 하지만 이러한 깊이 있는 이해가 없으면 실수를 반복적으로 범하게 되어 많은 기회를 놓칠 수 있다.

영업을 하다 보면 다양하고 예측할 수 없는 문제점들은 항상 존재하기 마련이고, 그 문제점들에 현명하게 대처하는 능력은 설계사에게 매우 중요하다. 이에 대한 타고난 감각이 있는 사람은 실전에서 매우 유리할 것이다. 하지만 영업을 하면서 경험을 통해 충분히 갈고 닦을 수 있기 때문에 기죽을 필요는 없다.

보험 영업을 성공적으로 잘하기 위해서는 인간의 삶을 크게 바라보고 설계할 수 있는 거시적인 안목과, 삶과 사람에 대한 진지한 통찰력이 필요하다. 따라서 자신을 포함한 이웃의 삶에 대해서 많이 생각해 보고 관찰하는 태도가 중요하다. 어떻게 영업하는 것이 고객을 더욱 행복하게 할 수 있는지, 어떠한 삶을 사는 것이 더 의미 있고 가치 있게 사는 것인지 끊임없이 고민하고 연구해야 한다. 왜냐하면 자신과 이웃에 대한 사랑과 애정이 없이는 결코 자신의 삶을 소중하게 만들어 나갈 수 없고, 타인의 삶 또한 행복하게 만들 자격이 없기 때문이다.

초기 10분을 어떻게 리드할 것인가?

첫 상담에서는 자기관리, 자신감, 일에 대한 철학, 태도, 정직함, 집중력, 그리고 상대방에 대한 배려 등이 모두 녹아져 있어야 상담을 효과적으로 진행할 가능성이 높다.

우리는 처음 보는 사람과 이야기를 할 때 본능적으로 상대방에 대한 어떤 이미지를 형성하는데, 보이는 것과 느끼는 것이 이미지 형성에 큰 영향을 미치게 된다. 이런 맥락에서 왜 옷을 잘 입어야 하는지, 왜 긍정적인 태도를 보여야 하는지, 왜 좋은 인상을 보여야 하는지, 왜 좋은 말을 해야 하는지에 대해 앞에서 언급한 바 있다. 사람들은 일반적으로 자신보다 나아 보이는 사람과 대화하고 싶은 욕구가 있다고 한다. 따라서 세련됨을 추구할 필요가 있다. 이는 보이는 것에서부터 보이지는 않지만 느껴지는 것에 이르기까지 모든 것을 의미한다.

특히 고객과 처음 만나는 자리에서 서로에 대한 느낌은 상담에 결정적인 영향을 미치기 때문에 매우 중요하다. 이 모든 것의 운명을 결정하는 시간은 10분이다.

처음부터 말이 많은 스타일, 가볍게 아부하는 스타일, 급하게 고객에게 다가가려고 하는 공격적인 스타일, 준비가 되지 않아 횡설수설하는 스타일, 영업을 하려는 사람인지 의구심을 일으키는 스타일, 상대방을 배려하지 않고 자신의 목적만 중요하게 생각하는 스타일, 처음부터 자기 자랑을 거창하게 늘어 놓는 스타일 등,

이러한 태도를 가진 설계사는 세련된 영업을 하는 것과는 거리가 멀어 보인다. 당연히 고객들에게 좋은 점수를 얻지 못한다.

어떤 설계사가 고객과의 첫 대화를 시작한다.

"고객님, 요즘 경기가 안 좋아서 큰일입니다. 고객님께서 하시는 사업에도 어려움이 있을 것 같은데요. 어떤가요?"

이렇게 이야기를 시작했다고 가정해 보자. 고객의 반응은 어떨까? 고객은 기다렸다는 듯이 이렇게 대답할 것이다.

"그래요. 요즘 경기가 너무 안 좋아서 기존에 힘겹게 유지하고 있던 보험도 해약해야 할 상황입니다. 나가주시겠어요?"

이 상황을 어떻게 수습할 것인가? 이와 같이 질문을 하기 전에 반드시 그 질문의 목적이 무엇인지, 그 질문에 대한 고객의 반응은 어떨 것인지에 대해서도 생각해 봐야 한다. 좋은 기회가 와도 준비가 되어 있지 않으면 어떤 발전도 있을 수 없는 것이다.

그리고 만나자마자 무턱대고 보험 가입 권유를 한다던가, 자신은 보험을 판매하는 설계사가 아니라 종합자산관리자라는 애매한 말로 고객을 혼란스럽게 한다던가, 편법적인 방법으로 고객의 관심을 끌려고 한다던가 하는 경우는 바람직하지 못한 태도들이다. 자극적이고 편법적인 방법들이 잠시 고객의 관심을 끌 수 있을지는 모르겠지만, 분명한 점은 그 효과는 지속적이지 못하다는 것이다. 설계사는 보험상품을 취급하는 전문가이지, 투자나 기타 세무나 법률 전문가는 아니다. 고객 또한 설계사를 법률이나 세무 분야의 전문가로 보지 않는다. 단지 유용한 정보를 고객에게 안내해 줄 수 있을지는 모르겠으나, 주객이 전도된 영업을 해서는 안 된다. 고객은 보험 전문가를 원하는 것이지 전문가 흉내를 내는 설계사를 원하는 것이 아니다. 고객과의 초기 만남에서 설계사가 모호한 태도를 보이면 고객이 향후 그 설계사를 찾거나, 다른 사람을 소개해 줄 가능성은 희박하다.

만약 어떤 사람이 "당신은 어떤 일을 하는 사람입니까?" 라고 질문을 한다면 "다양한 위험에 처한 사람들이 그 위험에서 벗어날 수 있도록 도와주는 전문가입니다" 또는 "은퇴설계 전문가입니다" 라고 확실하게 대답할 수 있어야 한다.

이처럼 자신이 하는 일을 명확하게 정의하고 있어야 하며, 상대방에게 전달할 수 있어야 한다. 당신이 무엇을 하는 사람인지 명확하게 인지하고 있어야 상대방이 필요한 상황에 당신을 찾게 될 것이다. 경험에 비쳐 볼 때 자신이 하는 일을 고객에게 명확하게 알렸을 때, 고객의 반응은 훨씬 좋았다. 자신이 하는 일을 고객에게 명확하게 전달하는 것도 설계사의 적극적인 태도를 보여주는 행동이다.

"고객님께서 보험료를 과도하게 납부하고 계신다고 하셨는데, 이렇게 된 이유에 대해서 알고 싶습니다만?", "고객님께서는 과도한 대출금 상환으로 많은 스트레스를 받고 계시는데, 앞으로 어떻게 하실 계획인가요?", "효율적으로 보험료를 줄일 수만 있다면 남은 자금으로 대출금 상환하시는 것이 바람직해 보이는데, 이러한 방법에 대해 생각해 보셨는지요?", "그러시군요. 이 문제를 합리적으로 해결할 방법에 대해 알아볼 기회는 꼭 필요한 것 같습니다. 제가 문제해결 방안에 대해 몇 가지 준비해 보겠습니다. 다음 주 화요일이나 수요일 중, 어느 때가 편하십니까?"

일단 고객과 대화의 장을 열었다면 상담을 주도적으로 이끌 수 있도록 철저하게 준비해야 한다.

첫 상담의 중요성은 점점 중요해지고 있다. 전문가일수록 초기 고객 상담에 특별히 많은 노력을 하고 있다. 어떻게 하면 좋은 첫인상을 줄 수 있을까? 좋은 첫인상을 심어주기 위해서, 준비할 것은 무엇이고, 지금 당장 바꿀 것은 무엇인가? 어떻게 하면 고객의 적극적인 반응을 유도해 다음 만남으로 이어갈 수 있을 것인가? 고객의 적극적인 반응을 위해 지금 당장 준비해야 하는 것이 있다면 무엇일까? 이러한 질문을 통해 자신의 행동을 철저하게 관리할 필요가 있다. 특히 첫 상담에서는 자기관리, 자신감, 일에 대한 철학, 태도, 정직함, 집중력, 그리고 상대방에 대한 배려 등이 모두 녹아져 있어야 상담을 효과적으로 진행할 가능성이 높다는 것을 잊지 말자.

고객의 시선을 당신의 눈에 담아야 한다

우리가 하는 말 자체의 전달력, 즉 호소력은 7%에 불과하고 말하는 태도나 방식이 약 40%, 몸짓 · 표정 · 눈빛 등의 분위기가 대략 53%를 차지한다.

어느 연구에 따르면 우리가 하는 말 자체의 전달력, 즉 호소력은 7%에 불과하고, 말하는 태도나 방식이 약 40%, 몸짓 · 표정 · 눈빛 등의 분위기가 대략 53%를 차지한다고 한다.

의미를 효과적으로 전달하기 위해서는 말뿐만 아니라 외모와 분위기에도 관심을 가져야 한다는 말이다. 작은 것에 관심을 가지느냐 않느냐는, 프로와 아마추어를 구별할 수 있는 가장 명확한 차이이다. 그리고 영업을 하면 할수록 작은 것에 대한 배려와 관심이 얼마나 중요한 것인지 알게 된다.

영업은 말을 잘해야 하는 직업이다. 말을 잘하지 못하면 일은 어려워진다. 말을 잘해야 한다는 뜻 이면에는 질문도 잘 하고, 잘 듣는 태도까지 포함하고 있다. 하지만 설계사가 말을 너무 가볍게 한다거나, 설계사의 언행에 문제점이 많다면, 상담을 성공으로 이끌어 갈 가능성은 매우 낮아진다.

"당신이 하는 말은 모두 맞고 이해가 되는데, 그것을 믿고 지금 당장 실행해야 할지 아직 확신이 들지 않습니다" 라는 말을 고객에게 듣게 된다면, 이는 그 고객의 마음을 움직일 만큼의 영향은 주지 못했음을 뜻한다.

대표적으로 정치인은 말을 전략적으로 매우 잘하는 사람이다. 하지만 대다수의 국민들은 그 말을 그대로 믿지 않는다. 즉, 말을 잘하는 것과 신뢰받는 것은 별개인 것이다. 말을 잘 하더라도 그 말에 어떤 믿음이 느껴지지 않으면 상대방은 고개를 갸우뚱하면서 다시 한 번 생각하게 된다. '저 사람이 하는 말의 의도는 무엇일까?', '어떤 다른 뜻이나 의도가 있는 것은 아닐까?' 라는 생각을 하게 만들기 때문이다. 즉, 전략가들은 철저하게 자신의 이익을 위해 움직인다는 느낌을 주기 때문에 말은 잘할지 몰라도, 상대방의 지지는 받지 못한다. 이것이 말의 한계이다. 그리고 대화를 할 때 말의 뜻을 전달하는 것도 중요하지만 말의 진실성을 전달하는 것에도 신경 쓸 필요가 있는 명확한 이유이다.

같은 뜻의 말도 누가 어떻게 하는가에 따라 상대방이 받아들이는 느낌에는 많은 차이가 난다. 따라서 자기만의 개성과 분위기에 맞는 목소리와 말하는 속도, 발음 등에 대해 관심을 가지고 어떻게 표현하는 것이 가장 유리한지에 대해 짚고 넘어갈 필요가 있다.

실제 자신이 상담하는 과정을 녹음해 한번 들어보길 권한다. 또는 자신만의 클로징 멘트가 있다면 그것을 연습한 뒤, 녹음해 들어보라. 자기의 장단점을 쉽게 발견해낼 수 있을 것이다. 또 그것을 주위의 동료들에게 들려주고 코칭을 받아볼 수도 있다. 매번 할 수는 없더라도 최소한 3번 정도는 이러한 과정을 시도해 보길 바란다. 노력을 하는 자와 하지 않는 자의 차이는 반드시 나게 되어 있으니까. 그 다음 단계는 말의 전달력을 효과적으로 높이기 위한 노력, 즉 얼굴표정, 몸짓 등에 대해서도 관찰해 보자. 단조롭게 말만 하는 것이 아니라, 눈빛과 표정, 손짓 등을 자연스럽게 구사하는 것은 듣는 이의 집중도를 높일 수 있고, 말의 전달력을 높일 수 있다. 자신감 있는 목소리, 표정 그리고 몸동작은 상대방에게 더욱 강한 신뢰와 확신을 전달할 수 있기 때문이다.

그중에서도 눈빛의 효과는 정말 대단하다. 당신은 상담을 할 때 상대방의 시선을 보면서 대화하는가? 만약 상대방의 시선과 마주치는 것을 부담스러워해 피한다면 왜 그렇게 하는지 생각해 보았는가? 사람 만나는 것이 주 업무인 설계사는 상대방의 시선을 많이 받아야 하는 직업이다. 그런데 상대방의 시선을 부담스러워해서야 되겠는가? 상대방을 부담스럽게 생각할 이유는 없다. 고객의 눈을 편안하게 보지 못한다는 것은 떳떳하지 못하다는 말이다. 그렇지 않으면 설계사가 먼저 눈을 피해야 할 이유는 없다.

만약 당신이 먼저 고객을 부담스럽게 생각하거나 편하지 않다는 느낌을 가지게 되면, 상대방의 눈을 마주치지 못할 것이다. 당연히 고객도 당신의 시선을 피하게 될 것이다. 이러한 느낌이 어떤 것인지는 누구나 한번쯤 경험해 보았을 것이다. 문제는 상대방도 당신과 비슷한 느낌, 즉 당신을 편하게 생각하지 않음을 느끼게 된다는 점이다. 설계사와 고객이 서로 편하게 생각하지 않은 상태에서 무슨 거래를 할 수 있겠는가? 이런 어색하고 불편한 느낌을 서로 가지게 된다면 결코 성공적인 상담을 할 수 없게 될 것이다. 편하지 않는 사람과 보험 계약을 하려는 사람은 많지 않다.

따라서 설계사가 먼저 고객을 편하게 해주어야 한다. 고객의 입장에서는 처음 보는 설계사가 부담스러울 수 있다. 하지만 설계사가 먼저 고객을 부담스럽게 생각해서는 안 된다. 부담스럽게 생각하면 고객의 눈을 편하게 바라볼 수 없다. 편하고 정직한 마음으로 눈에 힘을 빼고 고객의 눈을 지긋이 바라보라. 도움을 주기 위해 그 자리에 있다는 마음을 전달하고, 어떠한 상황에서도 그 태도에 흔들림이 없어야 한다.

고객의 시선을 피하지 말고 당신의 눈에 그대로 담도록 노력하라. 이렇게 하면 서로 대화에 집중할 수 있고, 고객으로 하여금 설계사의 열정과 신뢰를 느낄 수 있을 것이다. 고객은 설계사의 눈빛을 통해 진실한 마음을 느낄 수 있다. 이처럼 눈빛은 강력한 호소력을 가지고 있다.

상담 내내 고객의 눈을 한 순간도 놓쳐서는 안 된다. 초기에는 설계사의 눈빛을 부담스러워해 고객이 눈을 피할 수도 있다. 하지만 조금만 시간이 지나면 고객도 편하게 설계사의 눈을 마주보게 된다. 고객은 설계사의 바른 의도를 직관적으로 느끼게 되고, 설계사를 신뢰하게 될 것이다. 눈빛으로 고객의 마음을 사로잡아라. 이것은 가장 강력한 대화 기술이다. 절대 말 자체로만 모든 의미를 전달하려 하지 마라. 느낌이 없는 말은 고객에게 감동을 주지 못한다.

당신의 열정을 가장 확실하게 전달할 수 있는 무기가 눈이라는 점을 잊지 마라.

고객을 유혹하라

내 가족을 위하는 마음으로 고객에게 다가가라. 고객은 그러한 노력을 결코 가벼이 여기지 않을 것이다. 서로 좋은 감정으로 기억이 되는 한 영업은 계속 진행형이다.

고객과 만난 뒤, 통상 고객의 반응은 어떠한가? 고객이 고맙다는 표현을 하는가? 서로 환하게 웃으면서 헤어지는 날이 많은가? 고객이 당신을 만나고 나면 기분이 좋아진다는 말을 자주 하는가?

선물이나 물질적인 것으로 고객의 마음을 즐겁게 만들 수도 있지만, 이러한 방식에는 분명한 한계가 있다.

당신은 지금부터라도 만나는 고객의 기분을 즐겁게 하도록 노력해야 한다. 고객을 즐겁게 만든다는 말은 고객에게 긍정적인 사람으로 기억된다는 것이다. 이는 향후 영업에도 매우 큰 영향을 미치게 된다.

세계적인 자동차 판매왕 조 지라드는 어떤 기자에게 질문을 받았다.

"지라드 씨, 당신은 일 년에 약 1,500대라는 엄청난 양의 자동차를 지속적으로 판매하고 있는데, 그렇게 할 수 있는 비결이 무엇인가요?"

그러자 지라드는 대답했다.

"제가 만나는 고객에게 항상 하는 말이 있습니다. '나는 당신을 좋아합니다' I Like You!입니다. 이 말이 제가 지금까지 많은 자동차를 판매할 수 있었던 가장 큰 노하우입니다."

조 지라드는 만나는 사람들에게 자신의 좋은 인상을 심는 것에 목표를 두면서 많은 노력을 했음을 알 수 있다. 그렇게 하는 것이 자신의 영업 성과를 높이고 유지하는 데 매우 중요함을 알았고, 이처럼 간단하면서도 핵심적인 방법으로 고객 한 사람 한 사람에게 다가갔던 것이다. 만나서 서로 기분이 좋아진다면 얼마나 일이 잘 풀릴까? 상대방의 기분을 즐겁게 해주는 것이 영업에 많은 도움이 되는 것은 명백한 사실이다.

방문의 중요한 목적 중에 하나는 고객과 좋은 관계를 유지하는 것이다. 이는 당장 어떠한 결과가 나오지 않다고 하더라도, 고객과 좋은 관계를 유지하면, 지속적인 희망을 가질 수 있다.

지금 당장 고객으로 하여금 당신을 만나고 나면 즐겁다는 느낌이 들도록 시도해 보자. 방문할 때마다 '어떻게 하면 서로 즐거운 시간이 될 수 있을까' 를 고민하라. 어떠한 방법을 사용하더라도 고객의 기분을 좋게 만들 수만 있다면 성공한 것이다. 말 한마디로 천냥 빚을 갚는다고 했다. 고객의 기분을 좋게 만드는 따뜻한 말 한마디의 위력이 왜 중요한지 실감할 수 있는 직업인 것이다.

"저는 왠지 박 사장님이 좋습니다", "김 선생님, 저는 선생님을 보고 나면 항상 기분이 좋아집니다", "제가 선생님을 좋아하게 될 것 같습니다"라는 말을 해보자. 경우에 따라서 처음에 고객은 다소 어리둥절한 태도를 보일 수 있다. 하지만 이러한 말을 계속 듣게 된다면 고객의 태도가 변하지 않을까? 전화로, 엽서로, 편지로, 그리고 직접 만남에서도 항상 시도해 볼 만한 아주 좋은 방법이다.

저자도 실제로 영업을 할 때 이런 방식으로 고객과의 관계를 좋게 만든 기억이 있다. 우선 상담 시 고객을 만족시키는 것에 최고의 목적을 두었다. 또한 결과에 상관없이 고객과 최대한 좋은 관계를 유지하는 것에 많은 노력을 기울였다. 사람과 좋은 관계를 유지하는 것이 전혀 손해 볼 것이 없기 때문이었다. 실제로 많은 소개를 확보하기 위한 가장 좋은 방법 중에 하나가 바로 고객과의 친밀한 관계유지이다.

"오늘 선생님과의 만남이 제게는 너무나 소중한 인연이었습니다. 선생님과는 앞으로도 계속 좋은 관계로 지내고 싶습니다. 동의해 주시겠죠?"

이러한 말 한마디 하는 것에는 시간과 노력이 많이 들지 않았지만, 효과는 대단했다. 만남의 초기에 다소 경계하던 고객의 태도가 빠른 속도로 바뀌어 감을 감지할 수 있었다. 상대방을 기분 좋게 하려고 시도한 말 한마디가 그렇게 큰 위력을 발휘하는지는 미처 몰랐다. 상대방과의 만남에서 불필요한 시간낭비를 줄일 수 있었고, 빠른 시간 내 친해질 수 있었기 때문에 계약에 많은 도움을 받았으며, 소개 또한 많이 받을 수 있었다. 포기하지만 않는다면, 보통 1

년에 최소 30번 가까이 한 사람에게 좋아한다는 말을 할 기회가 있을 것이다. 입장을 바꿔 생각해 보라. 어떤 사람이 당신을 좋게 생각하고 있다면 당신의 기분이 어떨지를 말이다.

이러한 행위 또한 다른 것과 마찬가지로 습관이 되도록 노력하는 것이 중요하다. 누구를 만나더라도 의식적으로 노력하다 보면 어느 사이 습관이 되어 자연스럽게 좋아한다는 말을 하고 있는 자신을 발견할 수 있을 것이다. 반드시 진심으로 말해야 한다는 것도 잊어서는 안 된다.

이처럼 고객이 당신의 따뜻한 애정을 느낄 수 있도록 적극적으로 표현할 필요가 있다. 그러다 보면 고객과 쉽게 공감대가 형성된다. 설계사와 고객의 만남이 서로 즐거운 시간이었다면, 최고의 만남을 가진 것이나 다름없다. 이제 좀 더 나아가 고객이 나를 좋아하도록 만들어 보자. 즉, 고객을 유혹하라는 것이다.

고객을 유혹한다는 뜻은 고객으로 하여금 당신의 매력에 빠지게 하라는 말이다. 이렇게 하기 위해서 준비해야 할 것들이 많이 있지만 그중에서 가장 먼저 해야 하는 것은 당신이 먼저 고객을 먼저 좋아하는 것이다. 고객을 경계하면, 고객도 경계할 것이다. 진정으로 좋아한다는 마음을 표현하는 것은 그 사람을 진심으로 돕고 싶다는 마음을 적극적으로 표현하는 것이다. 반듯한 예절로, 늘 밝은 표정과 긍정적인 말로, 상대방을 향한 여유 있는 마음으로 대한다면 고객은 설계사를 좋아하지 않을 수 없다. 아마도 이런 설계사의 고객이 된 것에 만족감을 느낄 것이다. 많은 사람을 소개해 주는 것이 그 설계사에게 감사함을 표현하는 것이라고 생각해 주위 사람들에게 그 설계사를 적극 추천할 것이다. 고객은 이러한 행동을 하면서 스스로 만족한다.

일반적으로 사람들은 주위 사람들이 자신과 같은 종류의 상품에 가입하면 동질감을 느끼게 되고, 만족감은 더 커진다고 한다. 그렇기 때문에 소개를 많이 하면 할수록 더 많은 만족감을 가지게 되는 것이다. 이러한 현상이 나타나는 이유는 앞에서 이야기했던 것처럼, 고객에게 먼저 다가가서 애정을 표현하고, 적극적인 노력을 통해 고객의 마음을 샀기 때문이다.

이러한 관계에서는 시간이 갈수록 고객과 설계사는 보험뿐만 아니라 삶의 다양한 분야에서도 서로 도움을 주고받는 사이로 발전하게 된다. 오히려 고객이 먼저 설계사와 오랜 기간 동안 좋은 관계를 이어가길 원하게 된다.

이처럼 고객을 유혹하기 위해서는 먼저 당신만의 매력을 만드는 것이 중요하다. 그리고 한 사람 한 사람에게 진심 어린 관심을 가지고 다가가라. 그렇게 하면 고객도 당신에게 관심을 가질 것이다. 항상 따뜻한 마음으로 고객에게 다가가도록 노력하라. 고객으로 하여금 당신은 인간적이고, 매력 있는 사람이라는 생각이 들도록 노력하라. 이러한 경지에 누구나 쉽게 오를 수 있는 것은 아니지만, 노력만 한다면 누구나 할 수 있다. 내 가족을 위하는 마음으로 고객에게 진심으로 다가가도록 노력하라. 고객은 그러한 노력을 결코 가벼이 여기지 않을 것이다. 서로 좋은 감정으로 기억이 되는 한 영업은 계속 진행형이다.

제3장

효과적인 상담을 위한 아이디어

인정받고 싶은가? 고객을 먼저 대접하라

영업은 인간관계라는 상호작용 속에서 일어나는 사람 장사이다. 그렇기 때문에 영업을 잘하기 위해서는 사람의 마음을 살 수 있도록 노력하는 것이 지극히 당연한 것이 아닌가?

영업활동은 고객이 옳다는 것을 알아가는 과정이다. 일을 하다 보면 때로는 고객 때문에 화가 나는 일도 종종 발생한다. 하지만 영업을 하면서 자연스럽게 느끼는 것은 고객이 옳다는 것이다.

고객이 없다면 영업도 없다. 좋은 고객이든 나쁜 고객이든, 고객은 고객이다. 어떠한 이유에서든 고객을 미워해서는 안 된다. 자신의 취향에 맞는 고객만을 찾아서 일을 할 수도 없다. 옳지 않은 생각을 하고 있는 고객을 올바른 판단을 할 수 있도록 도와 주어야 하는 역할이 바로 설계사의 일이다. 왜냐하면 보험에 관한 한 고객은 스스로 알아서 해결하지 않기 때문이다.

고객을 바라보는 관점은 설계사들마다 다르다. 놀라운 점은 고객을 부정적으로 인식하고 영업을 하는 설계사가 있다는 것이다.

고객을 부정적으로 본다는 말의 뜻은, 설계사가 자신의 목적을 이루기 위해 고객을 하나의 수단으로 생각하고 있다는 말이다. 아이러니한 것은, 고객을 경계하고 부정적으로 인식하는 설계사들에게 고객은 더 필요하다는 것이다. 자신의 목적이 최고의 가치라고 생각하는 설계사들에게 오히려 이용해야 할 고객은 더 많이 필요하기 때문이다.

이처럼 자신의 목적을 이루기 위해 고객이 필요하다고 믿는 설계사들은, 자신이 고객을 이용하는 것과 마찬가지로 고객도 자신을 언제든지 이용할 수 있다는 점을 알아야 한다. 그들은 고객을 존중의 대상이 아니라 하나의 목표물로 인식한다. 겉으로는 "고객이 최고", "고객 감동" 이라고 외치고 있지만, 속마음은 180도 다른 사람들이다. 때로는 욕심을 채우기 위해 편법을 사용해 고객을 속이기도 한다. 영업을 돈벌이의 수단으로만 생각하지, 그 이상의 가치나 의미를 두지 않는다. 돈벌이가 잘 되는 한 영업을 지속할 따름이지, 그렇지 않다고 생각이 들면 언제든지 다른 일을 찾아 떠날 사람들이다. 결론적으로 이런 식의 사고방식으로는 양쪽 모두에게 치명적인 상처만 주게 된다는 사실을 알아야 한다.

고객은 설계사에게 꿈을 실현할 수 있는 에너지를 주는 사람들이다. 진실과 믿음으로 고객을 대하는 설계사는 꿈을 이룰 가능성이 그만큼 높아지지만, 속임수로 고객을 이용하는 설계사는 언제 터질지 모르는 시한폭탄을 수집하는 격이다.

고객이 아무리 눈치가 없다 하더라도 앞에 있는 설계사가 믿을 만한 사람인지 아닌지, 좋은 사람인지 아닌지는 직관적으로 알 수 있다.

당당하게 일하고 싶은가? 그리고 열심히 일해서 모든 사람들에게 대접받고 싶은가? 그렇게 하기 위해서는 먼저 고객을 대접하고 존중하도록 노력해야 한다. 자신보다 남을 먼저 높이는 행위는 현명한 사람들이 아니면 할 수 없다. 남을 위해 하는 행동이 동시에 바로 자신을 위해 하는 행동임을 알아야 한다. 계획적이고 계산적인 행동이 그 순간에는 이익이라고 생각될 수 있으나, 시간이 지나면 그렇지 않다는 사실을 자연스럽게 알게 된다. 작은 이익을 취하다 큰 이익을 놓치는 실수는 살면서 흔히 경험하게 되는 현상이다.

부처님은 수도승들에게 하루 세 끼 중 아침은 빌어먹어 보라고 했다. 왜냐하면 빌어먹는 느낌을 정확하게 아는 사람이, 주는 것의 행복도 잘 알 수 있기 때문이었다. 고객은 대접받길 원한다. 대접하는 것보다 대접받는 것이 훨씬 쉽다. 그렇기 때문에 사람들은 대접받길 원하는 것이다. 궁극적으로 원하는 것을 얻기 위해서는 반드시 대가를 치러야 한다. 하지만 그 대가는 훗날 자신이 받는 것에 비하면 아주 작았다는 것도 알게 될 것이다.

영업은 인간관계라는 상호작용 속에서 일어나는 사람 장사이다. 그렇기 때문에 영업을 잘하기 위해서는 사람의 마음을 살 수 있도록 노력하는 것이 지극히 당연한 것이 아닌가?

단순한 특징의 나열이 아닌, 이점을 전달하라

비슷한 상품을 가지고 어떻게 차별화된 니즈 환기를 만들어내느냐는 모든 설계사들에게 점점 더 중요한 문제로 다가올 것임이 자명하다. 단순한 정보의 전달은 누구나 할 수 있기 때문이다.

설계사들이 많은 어려움을 느끼는 부분은 고객의 숨은 니즈를 찾아내고 그 니즈를 고객에게 인식시켜, 고객의 마음을 어떻게 움직일 것인가 하는 것이다. 뛰어난 실력을 가진 설계사는 고객의 니즈를 효과적으로 찾아낼 줄 알고, 고객이 문제 해결을 위해 자발적으로 움직이게 하는 데 탁월한 재주가 있는 사람이다. 이들은 고객의 니즈를 최대한 정확하게 찾기 위해, 먼저 고객의 입장에서 바라보려 노력한다. 그렇게 해서 고객의 숨은 니즈를 찾아 그것을 해결해야 한다는 판단이 들면 어떠한 방법을 사용하더라도 그 문제를 해결하도록 돕는다. 왜냐하면 자신에게 심각한 문제는 그 고객에게도 똑같이 심각하기 때문이다. 이 과정에서 설계사의 역량에 따라 고객의 반응은 달라지게 된다. 즉, 어떤 문제가 고객에게 중요하거나 위급하다는 판단에 대한 확신을 어떻게 가지느냐에 따라 고객의 행동에 주는 영향력은 달라질 수 있기 때문이다.

일반적으로 설계사들이 고객의 니즈를 찾는 것에는 관심이 아주 많다. 하지만 그것을 잘 찾았더라도 고객을 위하는 철저한 봉사정신이 없으면 실행을 기대하기 어렵다는 것에는 큰 관심을 두지 않는 것 같다. 진정으로 고객을 위한다면 남의 일처럼 쉽게 물러설 수는 없을 것이다.

사실 니즈를 환기시키는 것은 상담에서 핵심적인 사항임과 동시에 가장 어려운 부분이기도 하다. 따라서 이 부분에 대한 지속적인 노력이 부족하게 되면 시간이 갈수록 실력이 뒤쳐지게 된다. 고객에게서 얼마나 강력한 니즈를 이끌어내느냐가 성과에 지대한 영향을 미친다는 것은, 이론의 여지가 없다. 또한 고객의 거절을 최소화하기를 원한다면 니즈 환기에 집중하는 것이 절대적으로 유리하다. 그리고 니즈 환기를 잘하는 설계사는 클로징도 강하게 할 수 있다는 것도 염두에 두자.

고객의 심리를 이해하고 적절한 질문을 하며 고객의 계약을 이끌어내는 과정은 결코 쉬운 일이 아니다. 그렇기 때문에 평소 자신의 상담에서 어느 부분이 미약한지를 파악해 개선해 나가는 노력은 반드시 필요하다. 상담 기술은 단기간 집중해 노력하면 충분히 어느 수준 이상으로 끌어 올릴 수 있다. 상담 능력이 떨어지는 설계사는 활동량이 많다고 해도 생산성이 따라 주지 않는다. 반대로 상담 능력이 뛰어난 설계사는 활동량이 많지 않더라도 높은 생산성을 유지할 수 있다. 앞에서도 언급했지만 과거의 영업에서는 가능한 한 많이 방문하고 부지런한 것이 가장 좋은 영업 방식이었다. 그리고 설계사 스스로 낮은 자세로 영업활동을 하는 것을 자연스럽게 생각했다.

가장 수준이 낮은 영업 방식은 고객의 니즈를 파악하지 않은 채 상품을 먼저 제시하고 단순하게 상품의 비교와 보험료의 경쟁력을 바탕으로 영업을 진행하는 것이다. 문제는 아직도 이렇게 일하는 설계사들이 많이 있다는 점이다.

이제 과거의 이러한 방식으로는 더 이상 효과적인 영업을 할 수 없는 시대가 되었다. 그럼에도 변화의 흐름에 편승하지 못하고 반복적인 판매 관행에 빠져 무엇이 잘못되어 있는지 파악조차 하지 못하고 있다면 영업에서 성공하기는 요원할 것이다.

최근에는 고객의 태도가 많이 바뀌었다. 가까운 지인이라 하더라도 자신에게 이익이 되지 않는다는 판단이 들면, 쉽게 가입하지 않는다. 앞으로 이러한 경향은 점점 더 강해질 것이다. 즉, 앞으로의 영업은 지인들에게 마냥 의존하는 방식으로는 힘들게 되었다는 말이다. 예전에는 아는 사람이 보험 영업을 하게 되면 으레 체면치레를 한다는 마음으로 가입했다. 지인들은 자신들의 손해를 감수하고서라도 계약을 했던 것이다. 오히려 지인들이 계약을 해 주지 않는 것이 이상하게 생각하는 분위기였다. 왜냐하면 그렇게 하는 것이 좋은 인간관계를 지속하는 데 중요하다는 정서가 강했기 때문이다. 그러나 설계사들이 언제까지 이러한 관행에 의존할 수 있겠는가? 만약 알고 있는 사람이 많기 때문에 영업을 하면 무조건 유리할 것이라는 판단으로 일을 시작한다고 할지라도, 이제는 과거처럼 그렇게 쉽지는 않을 것이다. 아는 사람이 많다고 영업을 쉽게 생각하고 뛰어 들었다가 실패하고 그만두는 사례는 지금도 얼마든지 볼 수 있다. 아무리 가까운 지인이라 할지라도, '한 건' 하려고 쉽게 생각하지 말고, 모르는 사람에게 하듯이 니즈 환기를 강하게 시켜야 한다. 그렇게 해야 상대방은 인사치레로 계약하는 것이 아니라 필요성을 느낀 상태에서 보험 가입을 하게 된다. 설계사 입장에서도 아는 사람에게 쉽게 영업했다는 생각보다는 보험의 중요성과 필요성을 인식시켜 주었다는 떳떳한 태도를 가질 수 있다. 당연히 유망고객을 소개해 줄 가능성도 높아질 것이다. 지인임과 동시에 고객임을 잊어서는 안 된다.

예전에 저자를 아주 힘들게 했던 어떤 고객이 있었다. 방문할 때마다 별다른 말도 반응도 없었고, 심지어 눈도 잘 마주치지 않으려 했다. 고객의 반응이 차가우면 방문하기 꺼려지는 것은 당연한 현상이다. 저자는 그 당시에 어떤 오기 같은 것이 발동했던 것 같다. '꼭 나의 고객으로 만들겠다' 라는 다짐을 하고는 포기하지 않고 지속적으로 방문했다. 방문한 지 두어 달까지는 그 고객과는 대화할 기회조차도 거의 없었고, 사무실에 있는 시간 동안 서로 어색한 느낌만 가지고 있었다. 지금 생각해 보면 아마 그 고객이 더 불편했으리라는 생각이 든다. 고객은 사무실에서 자신의 일만 묵묵히 했다. 그러다 보니 저자는 방문 때마다 혼자 멀뚱멀뚱 벽만 보다 오는 경우가 많았고, 간혹 저자가 한두 가지 질문을 시도하더라도 한번 힐끔 쳐다 보고는 "그렇지요, 뭐" 라는 대답이 고작이었다.

드디어 노력에 대한 결실이 찾아왔다. 기대도 하지 않은 상담 기회를 잡을 수 있었던 것이다. 어쩐 일인지 그분이 평소와는 다른 태도로 몇 가지 질문을 해 오는 것이 아닌가? 그분의 이야기를 들어보니, 보험에 대해서는 상당한 지식을 가지고 있었다. 아마도 오랜 기간 동안 많은 설계사들과 거래를 하면서 다양한 정보를 접한 것 같았다. 이야기가 지속되자 직감적으로 '오늘 잘만 하면 이 분에게 보험을 가입시킬 수가 있겠구나' 라는 판단을 할 수 있었다. 하지만 보험에 관해 해박한 지식을 가지고 있는 사람에게는 분명 다르게 다가가야 한다는 판단이 들었다. 저자는 그 고객에게 단순히 상품의 특징만을 전달하기보다는 상품이 내포하고 있는 깊은 가치를 집중적으로 설명했고, 그 가치가 고객에게 어떠한 이점으로 연결되는지를 명료하게 전달하려고 노력했다. 즉, 단순한 정보의 전달이 아니라, 고객에게 어떤 '이점' 이 있는가에 집중해서 대화를 했던 것이다. 면담 시간은 어느덧 2시간이 훨씬 지났고, 그 고객의 흡족한 반응을 본 뒤에야 비로소 저자는 안심할 수 있었다. 이틀 뒤, 그 고객과 큰 금액의 계약을 체결할 수 있었다. 계약 성사가 끝난 뒤 그 고객에게 질문을 했다.

"어떻게 저에게 마음의 문을 열게 되었는지요."

그러자 그 고객이 대답했다.

"제가 별다른 관심을 보이지도 않았는데, 설계사님이 저를 도우려는 의지가 보였기에 시간이 지나면서 제 마음이 조금씩 변해감을 느꼈습니다."

"네, 그렇게 봐 주셨다니 정말 감사합니다. 아마 제가 오기 전에도 사장님의 사무실에는 많은 보험설계사들이 방문했을 것 같은데요?"

"사실 저도 보험 가입에 대해 평소 많이 고민을 하고 있었기 때문에, 저희 사무실을 방문하는 설계사들에게 받은 정보도 많았습니다만, 곰곰이 생각을 해보니 제게 필요한 것과는 다소 거리가 있어 보였습니다. 제가 좀 깐깐한 편이라 선뜻 결정을 내릴 수 없었어요. 그런데 설계사님과는 그 문제에 대해 이야기할 기회가 없었잖아요. 계속 방문을 하는 분께 미안한 마음이 들기도 했고, 그날은 한번 이야기라도 해보자는 생각을 했습니다. 왜냐하면 대학교 친구가 ○○회사의 설계사로 재직 중인데, 최근에 계약을 하라는 압박을 계속 하고 있었거든요. 그래서 몇 가지 궁금한 것이 있어서 설계사님께 질문을 했던 것입니다. 친구에게는 왠지 꼬치꼬치 묻기가 쉽지 않았거든요. 설계사님은 제 질문에 대해 차근차근 고객의 입장에서 말씀해 주셨고, 무엇보다도 제가 왜 그 상품에 가입을 해야 하는지, 제가 어떤 이득을 볼 수 있는지에 대해 누구보다 명확하고 시원하게 꼬집어 주셨어요."

"다른 설계사들은 그렇게 하지 않았다는 말씀이신가요?"

"그렇습니다. 설계사님과 대화를 하다 보니 제 친구를 비롯한 다른 설계사들은 보험 상품에 저를 맞추려고 했던 것 같다는 생각이 들더군요. 다른 설계사들은 보험을 가입하는 것이 좋다고 말은 많이 했지만, 왜 꼭 가입해야 하는지는 명확하게 설명하지 않았어요. 그리고 가입을 하게 되어 고객이 받을 이익보다는 왠지 다른 것에 관심이 있어 보이는 태도에 믿음이 가지 않았고요."

이 경험을 한 뒤, 보험 상품을 설명할 때, 단순히 각각의 상품이 가지고 있는 특징이 중요한 것이 아니라, 그 특징이 개개인에게 어떻게 도움이 되는지, 어떤 가치가 있는지를 알리는 것이 더욱 중요함을 알게 되었다. 상품 팜플릿에 적혀 있는 내용보다, 그 상품이 가지고 있는 깊은 의미와 가치를 평소 깊이 생각하고, 그것을 고객에게 생생하게 전달하려는 노력이 중요한 것이다. 추상적인 가치의 전달이 아닌, 구체적이고 현실적인 방법으로 고객이 직접 느낄 수 있도록 전달하는 역량을 키워야 한다. 가장 현실적인 것이 가장 큰 가치를 지닌다는 것을 잊어서는 안 된다. 보험이라는 상품이 눈에 보이는 것이 아니기 때문에, 고객으로 하여금 좀 더 친숙하고 가깝게 느낄 수 있도록 하는 데 집중할 필요가 있다. 그렇기 때문에 보충자료를 활용하더라도 더 구체적이고 현실성 있는 것을 선별하거나 만들어서 사용할 필요가 있는 것이다.

앞으로는 획일적인 대량 판매보다는 개개인의 기호와 상황에 맞는 판매가 대접을 받게 될 것이다. 비슷한 상품을 가지고 어떻게 차별화된 니즈 환기를 만들어내느냐는 모든 설계사들에게 점점 더 중요한 문제로 다가올 것임이 자명하다. 단순한 정보의 전달은 누구나 할 수 있기 때문이다.

고객이 쉽게 설득당할까?

보험 영업을 오래 한 것이 경쟁력은 아니다. 만나는 사람들에게 얼마나 많은 영향력을 끼칠 수 있는가가 진정한 경쟁력이다.

세계적인 A 컨설팅회사의 모 CEO는 이렇게 말했다.

"여러분은 결코 어떤 것에 대해서도 고객을 설득하지 못합니다. 고객을 설득하는 것은 바로 고객 자신입니다. 여러분의 역할은 고객의 중요한 관심사를 이해하는 것입니다. 여러분은 고객이 느끼는 방식으로 그들의 문제를 느껴야 합니다. 여러분은 고객의 입장에 서야 하고 고객의 관점에서 문제를 바라보아야 합니다."

보험 영업은 현실에 내재하는 다양한 위험에서 이웃을 보호할 수 있는 방법을 연구해, 그들이 기꺼이 준비할 수 있도록 도움을 주는 일종의 봉사활동이다. 어떤 문제를 내가 아닌 상대방의 입장에서 바라보는 태도를 가지는 것이 결코 쉬운 것은 아니지만, 영업을 잘하기 위해서는 반드시 필요한 습관이다.

특히 대화의 주인공은 고객임을 어떠한 순간에도 잊어서는 안 된다. 그리고 주인공을 최대한 많이 이해하도록 노력해야 한다. 그러기 위해서는 자신의 말보다 고객의 말을 더 많이 들어야 하고, 고객의 말을 더 많이 들으려면 수준 높은 질문, 즉 고객의 관심을 끌 만한 중요한 사항에 대해 질문할 수 있는 역량도 필수적이다. 그렇게 함으로써 고객의 생각과 삶에 대한 가치관을 이해할 수 있게 된다. 인간의 공통 목적인 '행복한 삶' 이라는 하나의 큰 명제하에서 각각의 개별적인 목표를 파악해야 하고, 그 목적을 이루기 위해 보험이 어떠한 역할을 할 수 있는지를 고객의 입장에서 진지하게 고민하고, 권하는 태도를 가져야 한다.

설계사는 상대방을 설득해서 행동의 변화를 이끌어내야 하는 어려운 직업이다. 어쩌면 상대방을 설득하고 실행에 옮기게 하는 일은 세상에서 제일 어려운 일일 수도 있다. 상대방을 설득한다는 것은 상대방의 마음을 얻는 것과 같은 말이다. 상대방의 마음을 얻는 자는 무엇이든 할 수 있는 사람이다. 따라서 영업이란 상대방의 마음을 얻기 위해서 하는 모든 행위라고 할 수 있다. 그렇게 하기 위해서 상대방의 말을 경청하고 상대방의 입장에서 생각해야 하는 것이다. 아이러니하게도 상대방의 말에 공감하는 일은 하염없이 어려운 동시에, 식은 죽 먹기처럼 쉽기도 하다. 즉, 상대방을 먼저 이해하려고 노력하는 태도가 얼마나 진실하냐에 따라 어떤 사람에게는 매우 어렵기도 하고 반대로 어떤 사람에게는 매우 쉽기도 한 것이다.

"세상에서 가장 어려운 일은
상대의 마음을 얻는 것이다.
각각의 얼굴만큼이나 다양한
각양각색의 마음에서

순간에도 수만 가지의

생각이 떠 오르는데

그 바람 같은 마음이

머물게 한다는 건

정말 어려운 일이다."

— 생텍쥐베리의 어린 왕자 중에서

남들과 차별화된 상담 기술을 가진다는 말의 뜻은 상대방의 마음을 얻기 위해 남들처럼 비슷한 방식으로 일하지 않는다는 말이다. 그리고 상대방을 설득한다는 것은 결코 쉬운 일이 아니다. 설득한다는 말은, 상대방이 평소에 가지고 있는 소신이나 믿음의 세계를 바꾼다는 말과 같다. 하지만 사람들은 자신의 신념체계나 믿음을 결코 쉽게 바꾸려 하지 않는다. 그러한 신념체계나 믿음은 단기간에 바뀌는 성격의 것이 결코 아니다. 더군다나 스스로 바꾸는 것도 아니고 다른 사람의 말을 들어서는 더욱 바꾸려 하지 않는다. 왜냐하면 살면서 수십 년간 형성된 신념과 믿음이기 때문이다. 그렇기 때문에 상대방의 행동변화를 이끈다는 것은 결코 쉬운 일이 아닌 것이다. 그렇다면 어떻게 해야 한단 말인가?

정답은 있다. 그 사람의 신념이나 믿음에 강력한 영향을 주는 것이다. 그렇게 하기 위해서는 그 사람을 최대한 이해하려고 노력해야 한다. 상대방을 더 많이 이해하려고 노력하면 할수록, 상대방은 자신의 부족한 점이나 믿음에 대해 다시 한 번 생각하려고 노력한다. 왜냐하면 첫째, 그렇게 하는 것이 자신을 배려해 주는 상대방에 대한 예의라고 생각하고, 둘째, 변화를 주는 것이 자신에게도 유리하기 때문이다.

다시 한 번 말하지만, 어떤 사람의 신념체계나 믿음은 그 사람 스스로 바꾸는 것이다. 남들이 그 사람의 신념체계나 믿음을 바꿀 수 있는 것은 아니다. 다만, 자신보다 훨씬 많이 알고 있는 전문가의 조언에 영향을 받을 수 있고, 색다르고 신선한 경험에 영향을 받을 수 있다. 그렇기 때문에 사람을 설득하기 위해서는 최대한 그 사람을 이해하려고 노력해야 하며, 그 사람의 신념체계에 영향을 줄 수 있을 만큼 신선한 경험을 선사할 수 있어야 한다. 고객에게 이러한 방법으로 다가가지 않는다면, 그 사람의 행동에 변화를 주는 것이 얼마나 어려운 것인지 시간이 갈수록 점점 실감하게 될 것이다.

남들과 똑같은 영업 방식으로는 결코 시장을 리드해 나갈 수 없다. 특히 영업은 어떤 정형화된 틀이 없기 때문에 누가 빨리 그 기존 사고의 틀을 깨는 행위를 과감하게 실행하는가에 따라 승부가 나는 게임이다.

이러한 시도들이 바로 남들이 보지 못하는 고객의 가장 중요한 니즈를 정확하게 짚어낼 수 있는 능력을 키우는 방법이다. 단순히 상담자의 역할에 만족한다면 영업에서 크게 성공하기는 힘들다. 보험 영업을 오래 한 것이 경쟁력은 아니다. 만나는 사람들에게 얼마나 많은 영향력을 끼칠 수 있는가가 진정한 경쟁력이다.

나와 전혀 상관이 없는 사람들에게 고가의 보험상품을 판매하는 것은 단순히 설득의 논리로는 설명할 수 없다. 물론 편법적인 방법을 사용해 많은 판매를 할 수도 있지만, 그에 따르는 책임은 전적으로 자신이 져야 한다.

앞에서도 말했지만 한 사람의 고유한 신념체계와 믿음은 다른 사람의 말에 따라 쉽게 바뀌지 않는다. 아무리 멋진 이론과 논리를 가지고 설득을 한다 하더라도 상대방을 진정 이해하는 노력을 하지 않고서는 좋은 결과를 얻을 수 없다. 이제부터 사람을 설득하려고 하지 말고 이해하는 것에 더 많은 관심을 두어야 할 것이다.

질문은 최고의 상담 기술이다

최악의 설계사는 고객을 마네킹으로 만드는 사람들이다. 혼자서 두세 시간 동안 일방적으로 말하는 것을 말한다.

영업에서 질문은 최고의 판매 기술이다. 직접 경험하지 않고 얻은 지식은 한계를 가질 수밖에 없으나, 현장의 다양한 상황을 경험하면서 터득하는 세련된 질문은 최고의 기술이 아닐 수 없다.

상담을 하면서 질문을 효과적으로 하느냐, 하지 못하느냐는 상담을 주도적으로 이끌 수 있는가, 그렇지 못하는가를 결정한다. 즉, 경험이 많고 노련한 설계사는 질문하는 능력이 매우 뛰어나다.

왜 영업을 잘하는 설계사들은 질문을 많이 활용할까? 왜 전문가들은 상담을 주도하라고 하는 것일까? 그리고 어떻게 하면 상담을 효과적으로 진행할 수 있을까?

결론적으로, 이에 대한 정답은 '질문' 이다. 질문을 잘 활용하면 위의 의문이 한꺼번에 해결된다. 실제로 질문을 많이 활용하면 할수록 상담은 쉬워진다. 하지만 아직도 대다수의 설계사들이 영업할 때 질문을 효과적으로 하지 못해서 자신이 원하는 방향으로 상담을 진행하지 못하고 있고 일을 훨씬 어렵게 풀어가고 있다. 이들은 상담 시 질문을 활용해야 한다는 것을 잘 알고 있으면서도 실제로는 그것을 행동으로 옮기지 못하고 있는 것이다. 알고 있는 것, 이해하고 있는 것과, 그것을 현실에 적용하는 것에는 많은 차이가 있다. 어렵게 마련한 상담 기회를 자기에게 유리한 방향으로 이끌어 가지 못한다면 영업을 성공적으로 이끌어 갈 수 없다.

질문을 효과적으로 하면 고객의 말을 들을 수 있는 기회가 자연히 많아지기 때문에 중요한 정보를 많이 알아낼 수 있다. 고객에 대한 정보를 많이 알고 있다는 것은 상담을 성공으로 이끌 수 있는 키를 잡는 것과 같다. 그리고 그 과정에서 올바른 경청 태도를 취하는 것은 상대방으로 하여금 자신이 존중받고 있다는 믿음을 주기 때문에 서로간의 신뢰 형성에 매우 긍정적인 영향을 주기도 한다.

그렇다면 어떻게 하면 질문을 효과적으로 할 수 있을까? '고객과 나누는 대화에 깊이 빠져 드는 것' 이 정답이다. 영업을 할 때 서로간의 대화에 깊이 빠지게 되는 것 자체가 좋은 현상일뿐더러, 서로의 대화에 깊이 빠져야만이 최대한 그 대화에 집중할 수 있고, 형식적인 질문이 아니라 그 상황에서 가장 필요하고 중요한 질문들이 많이 나오기 때문에 상담을 매우 유리하게 이끌어 나갈 수 있다.

질문의 종류에는 어떠한 것이 있을까? 질문의 유형에는 개방형 질문과 폐쇄형 질문이 있다. 일반적으로 질문 활용기술이 뛰어난 사람은 단답형의 폐쇄형 질문보다는 설명을 수반하는 개방형 질문을 많이 사용하는 경향이 있다. 그리고 개방형 질문은 특히, 초기 상담과정에서 아주 유리하게 작용한다. 고객으로 하여금 더 많은 말을 하게 함으로써 고객을 상담과정에 적극적으로 개입시켜 상담을 더욱 활발하게 진행할 수 있기 때문이다.

폐쇄형의 질문을 잘 사용해야 하는 시점도 있는데, 특히 각 상담 단계에 대한 동의를 확인할 때이다. 예를 들면, "고객님의 문제는 지금 지나친 보험료 때문에 가계에 많은 부담이 되고 있다는 말씀이시죠?" 또는 "고객님의 이야기를 잘 들었습니다. 고객님의 말씀은 지금 가장으로서 위험에 대비한 보장에 관심이 있으시다는 말씀으로 들립니다. 그렇다면 다음 번 제가 고객님을 방문할 때에는 고객님께서 기존에 가입하고 계시는 보험상품을 면밀히 검토하는 과정을 거친 후, 다음 단계로 넘어가면 좋을 것 같은데, 괜찮으시겠죠?" 라고 질문을 하는 경우이다. 즉, 설계사가 고객이 했던 말을 정리해서 고객에게 다시 질문하면, 고객의 입장에서는 설계사가 자기 이야기를 충실히 듣고 이해했다는 느낌을 받게 되어 신뢰 형성에도 긍정적인 효과가 있다. 그리고 폐쇄형 질문을 잘 활용하면, 다소 어려운 상황에서도 고객에게서 긍정적인 동의를 받을 가능성이 훨씬 높아진다는 것도 알아둘 필요가 있다. 이처럼 질문은 고객과 설계사 사이에 존재하는 생각의 차이를 좁혀 주고 다음 단계 상담을 진행하는 데 요긴하게 사용할 수 있다. 상담 단계에서 효과적이고 전략적인 질문 활용기술은 한층 수준 높고 세련된 상담을 가능하게 한다.

당신은 질문을 많이 하는 편인가? 일방적인 대화를 하는 편인가? 어떠한 질문을 많이 하는 편인가? 상담의 전반부와 후반부 중, 질문의 효과가 좋은 시점은 언제일까?

질문을 잘하면 당신이 노련하고 뛰어난 설계사라는 이미지를 고객에게 심어줄 수 있게 된다. 실제로 질문의 힘은 매우 강력하다. 질문의 힘이 얼마나 강력한지는 직접 활용해 본 사람만이 정확하게 알고 있을 것이다. 그렇기 때문에 그들은 더욱 적극적으로 질문을 활용하는 것이다. 또 질문을 활용해 설계사가 할 말을 고객이 직접 하게 만들 수도 있는데, 이것이 큰 효과가 있는 이유는 같은 말을 하더라도 설계사가 하는 것과 고객이 직접 하는 것에는 많은 차이가 있기 때문이다.

"네, 그러고 보니 그러한 위험에 대비한 조치는 필요하군요", "그러고 보니, 은퇴를 위한 준비는 정말 중요하군요. 제가 지금까지 너무 간과하고 있었네요", "그러니까, 설계사님의 말씀은 보험의 이점을 잘 활용하면 저에게 유리한 점이 아주 많다는 말씀이네요" 라는 말이 설계사가 아닌 고객의 입에서 나오게 할 수 있다면 상담이 얼마나 유리하게 전개되겠는가?

과거에 영업을 하면서 저자가 많이 활용하던 질문을 몇 가지 적어 본다. 대부분 초기 단계에서 대화를 진행하기 위해 던진 질문들이다.

- 부장님께서 사고로 잘못되셨을 때, 가입한 보험에서 가족에게 매달 어느 정도의 돈이 나오면 좋을까요?
- 고객님께서는 갑작스런 가족의 위험에 대비해 어떠한 준비를 하고 계시는지요?
- 과장님께서는 이 세상에서 가장 소중한 것이 무엇이라고 생각하십니까?
- 가족보다 소중한 것이 있다는 말씀인가요?
- 자녀가 한 명일 때보다 두 명이 되었을 때 가장의 책임이 더 커지게 된다는 것에 동의하시나요? 그렇다면 그 책임이란 무엇을 뜻하는 것일까요?
- 가장의 책임이 무엇일까요?
- 선생님께서 생각하고 계시는 은퇴생활에 대해 말씀해 주실 수 있는지요?
- 부모님의 노후생활을 어떻게 생각하고 계십니까?
- 선생님 내외께서는 은퇴 후, 매달 어느 정도의 생활비면 충분할 것 같습니까?
- 선생님의 경우에 한 달에 지출할 수 있는 보험료가 어느 정도면 가장

합리적이라 생각하나요?

– 보험을 언제 가입하는 것이 가장 불리할까요?

– 어떤 금융상품이 있었으면 좋겠습니까?

– 주위에 혹시 병원 치료비 때문에 힘들어하시는 분이 계십니까?

– 선생님의 사망으로 보험회사에 1천만 원이 가족에게 지급되었다면 기분이 어떨 것 같습니까?

– 선생님의 자녀들이 공부를 잘해 더 큰 꿈을 꾸기 위해 유학을 원한다면 보내실 생각인가요?

– 선생님 주위에서 보장을 충분히 받지 못해서 안타까웠던 경우를 보신 경험이 있습니까?

– 여유가 있다면 사랑하는 가족을 위해 무엇을 어떻게 해주고 싶은가요?

– 보험의 이점이 무엇이라고 생각하시나요?

– 선생님께서 관심있어 하시는 투자는 어느 분야입니까?

– 장기간 저축을 하신다면 이자가 어느 정도면 만족하시겠습니까?

– 선생님의 10년 뒤 목표가 있다면 말씀해 주실 수 있나요?

– 저축을 많이 하고 계시네요. 그런데 궁극적인 목적이 무엇인지요?

– 장기간 저축을 하신다면, 매년 몇 %의 수익률을 원하십니까?

– 매달 여유자금이 100만 원씩 발생한다면 어디에 투자하고 싶으신가요?

상황에 맞는 적절한 질문은 상담의 전체적인 흐름을 바꿔 놓을 수도 있다. 협상을 하는 경우에도 상대방의 태도에 따라 전략을 수정해야 한다. 협상을 진행하기 전부터 아주 좋은 계획을 만들었다 하더라도 무용지물이 될 가능성은 항상 존재한다. 이는 상대방의 협상 카드를 예측하는 것이 쉽지 않을 뿐더러, 우리 측에서 준비한 카드를 상대방이 만족할지는 알 수 없기 때문이다. 그렇기 때문에 서로 마주 앉아 상대방의 의중을 알아보기 위한 노력을 하게 되는데, 이때에도 준비된, 아주 효과적인 질문을 사용하면 얻을 수 있는 정보는 많아진다. 즉, 상황에 따라 상대방의 의중을 꽤뚫어 볼 수 있는 적절한 질문의 위력은 정말 대단한 것이다.

고객과 마주 앉아 하는 상담도 이와 같다. 단지 많은 질문을 쏟아내기보다는 사전에 준비한 질문은 초기에 하고, 대화 중에는 최대한 대화에 집중해 가장 적재적소에 필요한 질문을 하도록 노력해야 한다.

반대로 질문의 수준이 낮거나, 즉 준비되지 않았거나 상황에 맞지 않은 어설프고 형식적인 질문은 오히려 상담에 역효과를 내기 쉽다는 것도 알아야 한다. 설계사가 하는 질문을 몇 가지 들어보면, 고객은 그 설계사의 수준을 파악할 수도 있기 때문이다. 그리고 어색한 질문을 한 뒤 분위기가 어떠한지 정도는 자신도 충분히 알아챌 수 있을 것이다.

노련한 설계사는 상황 파악을 잘하기 때문에, 상담을 어떻게 이끌고 나가야 하는지도 감각적으로 알고 있다. 따라서 질문도 몇 단계를 미리 보고 한다. 질문에 대한 고객의 반응까지도 예측한다. 이렇게 하면 설계사가 원하는 방향으로 고객을 이끌어 갈 수 있기 때문이다. 질문에 대한 고객의 답변이 자신이 의도하는 방향으로 나오지 않는다 하더라도, 전혀 동요하거나 당황하지 않는다. 왜냐하면 노련한 설계사들은 경험이 풍부하기 때문에 이러한 경우에도 침착하게 진행할 수 있는 마음의 여유가 있기 때문이다. 오히려 재치를 활용해 그 상황을 자신에게 더 유리한 방향으로 반전시키기도 한다. 그들은 예측이 불가능한 다양한 상황에서도 효과적으로 대처할 수 있는 재치를 가지고 있다. 그렇기 때문에 누구를 만나더라도 좋은 상담을 할 수 있다는 자신감이 충만하다. 그들은 많은 질문을 통해 더 빠른 속도로 더 노련한 상담 기술을 배우고 있는 것이다. 질문을 하면 할수록, 더 많은 것을 빨리 배울 수 있고 상담 확률도 높일 수 있다는 것을 알고 있다.

고객은 마음속에 있는 말을 밖으로 잘 표현하지 않는다. 그렇기 때문에 상담의 진행에 유리한 대답이 나올 만한 질문을 미리 준비해서 그 사람의 의중을 알아내도록 노력해야 한다. 특히 까다롭고 어려운 상대일수록 질문은 큰 진가를 발휘한다. 주위를 잘 살펴보라. 큰 계약을 잘하거나, 고소득 전문가들에게 특히 영업을 잘하는 설계사들이 어떤 질문을 많이 하는지를…….

그렇다면 상담 시, 설계사와 고객의 대화 비중이 어느 정도가 되면 이상적일까? 설계사가 하는 말과 고객이 하는 말의 비율은 50:50

이 좋다고 한다. 노련한 전문가들은 30:70의 비율을 강조한다.

이러한 것이 뜻하는 바는 설계사가 일방적으로 상담을 진행하는 것보다는 고객이 더 많은 말을 하도록 유도하는 것이 좋다는 것이다. 결국, 많은 말을 듣기 위해서는 질문이 필수적이다.

최악의 설계사는 고객을 마네킹으로 만드는 사람이다. 혼자서 두세 시간 동안 일방적으로 말을 하는 사람을 말한다. 열심히 떠드는 동안 고객이 자신의 말을 잘 들어 주기를 기대할 것이다. 하지만 이러한 기대가 얼마나 힘들고 무리한 요구인지는 입장을 바꿔 생각해 보면 충분히 알 수 있다. 남의 말을 몇 시간씩 집중해 듣는다는 것은 보통의 인내력으로는 쉽지 않다는 것쯤은 누구나 공감할 것이다. 충분히 경청할 만한 가치가 있는 말이라면 그나마 다행이다. 자기 말만 일방적으로 늘어 놓는 현상은 신입 설계사들에게 특히 자주 나타난다.

앵무새처럼 매번 똑같은 말을 반복하고 있는 자신이 싫다면 많은 질문을 하도록 노력하라. 동시에 어떤 설계사에게나 들을 수 있는 진부한 이야기를 당신에게서도 똑같이 들어야 하는 고객의 고충을 생각해 보길 바란다.

질문도 자주 시도하면 할수록 익숙해지고 자연스러워질 것이다. 초기에 다소 어색하더라도 정상으로 가는 하나의 과정으로 생각하고 지속적으로 시도하길 바란다. 높은 성과를 원한다면, 수준 높은 상담이 가능한 전문가가 되고 싶다면, 좋은 질문을 많이 하도록 노력하라.

올바른 경청 태도에 대하여

고객에게 관심을 집중하는 것은 최고의 아첨이다.

"이야기를 들어 달라고 하면
당신은 충고를 시작하지. 나는 그런 부탁을 한 적이 없어.

이야기를 들어 달라고 하면,
그런 식으로 생각하면 안 된다고 당신은 말하지
당신은 내 마음을 짓뭉개지

이야기를 들어 달라고 하면,
나 대신 문제를 해결해 주려고 하지 내가 원하는 것은 그런 것이 아니야.

들어주세요.
내가 원하는 것은 이것뿐.
아무 말 하지 않아도 돼.
아무것도 해주지 않아도 좋아.
그저 내 얘기만 들어 주면 돼.

— 조신영, 박현찬의 '경청' 중에서

현대인들은 외롭다. 바쁜 일상과 직장에서 받은 많은 스트레스는 점점 쌓여만 간다.

지쳐 있고, 관심받지 못하는 그들에게 먼저 다가가 그들의 마음을 위로해 주자. 이런 이웃들에게는 단지 말동무가 되고, 잘 들어주는 것만으로도 큰 위로가 될 수 있다.

이런 경험이 없는가? 마음이 답답할 때, 당신의 얘기를 잘 들어주는 사람이 마냥 고맙기만 하던 경험 말이다. 듣는 것은 말하는 것보다 훨씬 어렵다. 듣는 것이 왜 어려울까? 그것은 들으면서 고통을 느끼기 때문이다. 사람은 자신과 다른 생각이나 믿음을 가진 사람의 이야기를 듣고 그것을 받아들이는 것을 너무 힘들어한다. 이것은 지금까지 살아오면서 굳어진 자신의 믿음을 쉽게 바꾸려 하지 않는 심리 때문이다. 이것은 또한 본능적인 반응이다. 공자도 나이 60耳順이 되어서야 상대방의 말을 바르게 들을 수 있게 되었다고 하지 않았는가?

"고객에게 관심을 집중하는 것은 최고의 아첨이다"라는 말이 있다.

고객에게 진심 어린 관심을 보이고 고객의 말을 잘 듣는 능력은 매우 중요하다. 특히 영업을 잘하고 싶은 설계사라면 가장 먼저 준비해야 하는 것이 많은 말이 아니라 올바른 경청 태도이다. 고객은 앞에 앉아 있는 설계사가 자신의 말을 잘 듣고 있다는 느낌이 들면 더욱 신이 나서 자신의 얘기를 하게 된다. 고객의 닫힌 마음을 열 수 있는 가장 좋은 방법이 잘 듣는 것이다. 이처럼 고객으로 하여금 많은 말을 하게 만드는 기술은 매우 훌륭한 영업 기술이다.

이와 같은 훌륭한 기술을 연마하기 위해서는 어떻게 해야 할까? 먼저 대화를 하기 전부터 이렇게 다짐한다. '자신의 말을 최대한 줄이고 상대방의 말을 최대한 많이 듣자' 또는 '상대방이 세 마디 하면 나는 한 마디만 하겠다.' 그런 다음 대화에 집중해 상대방이 하는 말의 의미를 깊이 이해하기 위해 노력하는 것이다. 그러기 위해서는 먼저 자신의 마음을 비워야 한다. 어떠한 판단과 고정관념도 섞지 않도록 하라. 그저 상대방의 말 그 자체에 몰입하는 것이다. 상대방의 말을 들을 준비가 되어 있다는 뜻은 상대방이 어떤 말을 하더라도 개인적인 판단이나 기존의 고정관념을 개입시키지 않음을 말한다.

힘들어하는 동료가 있을 때 그 친구를 돕고 싶다는 마음이 앞선 나머지, 친구의 마음을 풀어주기 위해 했던 말이 오히려 친구의 기분을 더 악화시키게 되는 경험을 한 적이 있을 것이다. 이처럼 가장 좋은 경청 태도는 상대방이 가슴속에 가지고 있는 모든 말을 마음 편하게 모두 털어 놓을 수 있도록 도와주는 자세이다. 상대방이 울고 있으면 더 많이 울 수 있도록 도와 주면 된다. 울지 말라고 말하지 마라. 마음을 차분하게 한 다음, 상대방이 편하게 이야기할 수 있도록 분위기를 만들어 주면 된다. 이때 상대방의 말을 머리가 아닌 가슴으로 들으려고 노력하라. 상대방은 개인적인 이야기나 때로는 아무에게도 말하지 않던 비밀스런 이야기까지도 할 수 있을 것이다. 잘 알고 있는 사이에서는 차마 할 수 없던 말들을, 오히려 아무런 연관이 없는 사람에게 더 편한 마음으로 할 수도 있다. 상대방과 개인적인 이야기나 비밀 이야기를 할 정도가 된다면, 그것은 단기간 내에 매우 친해질 수 있음을 알려주는 좋은 신호이다.

상대방의 말을 들을 때는 상대방과 눈을 맞추고, 몸을 뒤로 젖히거나 꼿꼿하게 하지 말고 몸이 상대방을 향하도록 하라. 상대방이 다리를 꼰다거가 팔짱을 낀다면 당신과 거리를 두고 싶어한다는 뜻이다. 반대로 처음에는 다리를 꼬고 있었지만 대화를 하면서 다리를 반듯하게 한다는 것은 당신의 말을 경청한다는 뜻이다. 그리고 표정도 중요하다. 고개를 끄덕이고, 맞장구를 치기도 하고 눈빛이 달라지기도 한다. 미소를 띄울 때도 있고 때에 따라서는 찡그리는 표정이 될 때도 있다. 대화 도중 돌발적인 질문도 나올 수도 있다. 이 모든 행위의 포커스는 당신이 정말 상대방의 말을 가슴 깊이 듣고 있다는 것을 상대방이 느낄 수 있도록 하는 것에 맞추어져 있어야 한다.

대화 도중 겉으로는 듣는 척하면서 머리 속으로는 다른 생각을 한다면 상대방이 바로 알 수 있다는 것을 잊지 마라. 당신이 상대방에게 열성적으로 이야기하고 있는데, 대화 도중 당신의 말을 끊고 전화를 받아 버린다면 당신의 기분은 어떨까? 아마 이러한 경험 한두 번쯤은 있을 것이다. 그렇다면 그때의 기분을 생각해 보라. 대화를 가식으로 한다는 이미지를 상대방에게 주게 되면, 상대방은 마음의 문을 더욱 굳게 닫는다는 점을 명심하라. 앞으로는 말을 많이 하려 하기보다는 많이 들으려는 노력을 하기 바란다. 가장 잘 듣는 것이 가장 좋은 대화의 기술임을 잊지 말자.

당신의 잠재된 열정을 끌어내는 방법

고객은 논리의 깊이보다 설계사의 확신의 깊이에 의해 더 많이 설득된다.

연탄재 함부로 발로 차지 마라. 너는, 누구에게 한 번이라도 뜨거운 사람이었느냐. — **작가 안도현**

보험 영업에서 성공의 반열에 오른 대다수의 설계사들이 공통적으로 인정하는 진리는 "고객은 논리의 깊이보다 설계사의 확신의 깊이에 의해 더 많이 설득된다"는 것이다.

상담을 위해 고객을 방문했다. 대화를 하면서, 그 고객의 상황이 여러 가지 면에서 나와 비슷하다는 점을 알게 되었다. 그래서 편안한 마음으로 상담을 이끌어 나갈 수 있었다. 그런데 마지막 부분에서 예측하지 못한 일이 발생했다. 그 고객에게 추천한 종신보험의 일반사망 보험금의 크기가 문제였던 것이다.

그 당시 저자는 일반적으로 보장성 보험의 보험료는 평균 수입의 약 8～10% 정도를 넘지 않는 범위 내에서 보험료를 결정하는 것이 합리적이라는 생각을 하고 있었다. 이러한 기준은 영업을 하면서 자연스럽게 생긴 어떤 권장사항 같은 것이었다.

그 당시 저자가 그 고객에게 제시한 일반사망 보험금은 5억 8천만 원이었다. 순간 '나는 이 기준에 맞추어 가입되어 있는가?'라는 생각이 머리를 스쳤다. 대답은 '아니다'였다. 영업을 하면서 고객에게 원칙처럼 제시하던 기준을 정작 자신에게는 적용하지 않았던 것이다. 정말 정직하게 영업을 하고 있다고 스스로 당당했지만, 실제로는 그렇게 하지 못하고 있는 자신이 너무나 부끄러웠다. 그동안 이중적인 잣대를 가지고 영업을 하고 있었으니, 만약 이 사실을 나의 모든 고객들이 알게 된다면 나를 어떻게 볼까 하는 생각이 드는 순간 평소의 당당함과 자신감이 온몸에서 빠져 나가는 느낌이었다. 앞에 마주하고 있는 그 고객에게도 마찬가지 심정이었다.

그 고객은 말했다.

"그러니까 저의 경우에는 이 정도 사망보험금이면 적당하다는 말씀이시죠? 제 생각에는 다소 많아 보이기도 합니다만……."

"이 정도의 금액도 사장님의 상황을 생각하면 최소한의 보장 정도밖에 되지 않습니다. 어떠한 위험에서라도 가족을 진정 지켜드리고자 하신다면 이 정도는 반드시 가입하셔야 합니다."

말은 이렇게 본능적으로 나왔는데 그 말이 끝나는 순간 고객의 눈치를 보고 있는 자신을 발견했다. 도둑이 제 발 저린다고 했던가? 순간 그 고객의 눈빛이 예사롭지 않다는 느낌이 든 것은 왜일까?

왜냐하면 처음보다 다소 약해진 저자의 당당함을 꼭 고객이 느끼고 있는 것처럼 보였기 때문이다. '솔직하지 못한 마음이 이런 것이구나' 라는 생각이 들었다. 고객은 "김 사장님께서는 설계사님이 믿을 만한 사람이라고 하더군요. 알겠습니다. 당신을 믿고 계약하겠습니다. 앞으로도 많이 도와주셔야 합니다" 라고 하면서 서명했다.

서명을 끝낸 뒤 그 고객은 "가입 당시에는 모두 옳은 말인 것 같은데, 지나고 나면 꼭 후회를 할 것 같은 생각이 들어서 잘 한 건지는 솔직히 잘 모르겠습니다" 라는 말도 했다.

꼭 나에게 하는 말인 것 같고 마음이 편하지 않아서 당시에는 쥐구멍에라도 숨고 싶은 심정이었다.

'나도 어쩔 수 없는 단순한 세일즈맨이던가?'

고객에게 신뢰와 확신을 전달하는 양심적인 설계사이고 싶었는데, 현실은 생각과 상당한 괴리가 있던 것이다.

영업을 하다 보면 이런 일은 흔하게 발생하는 현상일 뿐이라고 생각하고 가볍게 넘겨 버릴 수도 있다. 하지만 저자는 그 당시 일을 좋아하려고 많은 노력을 했고, 일에 빠지고 싶은 열정이 많았기 때문에 사소한 것 하나도 대충 넘겨 버리거나 불합리한 현실과 타협하고 싶지 않았다.

그 경험을 하게 된 이후로 스스로 몇 가지 다짐을 했다.

"첫째, 내가 먼저 가입하지 않은 상품은 고객에게도 판매하지 않겠다. 둘째, 어떠한 일이 있어도 보험에 관해서만은 정직하겠다."

스스로 인정하지 않은 상품을 고객에게 권유한다는 것은 있을 수도 없는 일이다. 먼저 경험해 보지 않은 것에는 확신을 가질 수 없다. 따라서 남들에게 확신을 주기 위해서는 누구보다도 먼저 자신이 판매하는 상품이나 회사에 대해서 확신을 가져야 한다. 무엇보다도 만나는 사람들에게 강한 확신을 심어주는 것이 중요하다.

사람들 앞에서 큰소리 치기 전에 스스로에게 먼저 정직해야 한다. 정직함을 강력하게 표현하기 위해서는 일관성이 전제되어야 한다. 정직함을 바탕으로 한 당당함이란 남들에게 보여주지는 못하지만 충분히 느끼게 할 수는 있다. 영업을 더욱 당당하고 자신있게 하려는 설계사라면 이러한 것들을 쉽게 생각해서는 안 된다. 스스로 믿지 못한다면, 어떻게 정직하고 떳떳하게 일을 하겠는가? 정직하지 못하고 떳떳하지 못하기 때문에 어쩔 수 없이 약해져야 하고 때로는 고객을 속이는 행동도 하게 되는 것이다.

사람에게는 상대방을 판단하는 나름의 직관력이 있다. 그 판단이 객관성이 있는냐 없느냐를 떠나서, 상대방에 대한 어떤 느낌이 긍정적인가, 부정적인가는 매우 큰 차이가 있다.

눈에 보이지는 않지만 설계사의 신념과 확신은 고객에게 쉽게 전달된다. 이러한 신념의 깊이는 자신도 모르는 사이에 고객에게 자연스럽게 표현된다. 설계사의 강력한 카리스마와 믿음직한 느낌은 본인의 입장이 아니라, 고객의 입장에서 정직하게 배려할 때만이 나오는 것이다. 설계사의 강력한 신념과 확신이 고객을 위하는 마음으로 전달할 때 비로소 큰 시너지를 발휘한다. 사람들은 특히 고가의 상품을 구입할 때 최대한의 완벽함을 추구하는 경향이 있다. 특히 보험은, 무형의 상품임과 동시에 결코 싼 가격이 아니기 때문에 고객이 크게 만족하고 있지 않으면 판매하기가 여간 어려운 것이 아니다. 그렇기 때문에 상품을 판매하는 설계사의 완벽하고 강렬한 느낌을 고객에게 심어주어야 고객이 그 설계사의 확신을 믿고 따라오게 되는 것이다.

이처럼 영업을 하면서 설계사의 강한 확신은 매우 중요하다. 상품에 대한 설계사의 확신이 깊을수록 성과가 뛰어날 수밖에 없는 이치를 이제는 알 것이다.

우리는 평소에 열정이라는 말을 많이 한다. 성공한 사람들에게는 열정이 많다고 한다. 그렇다면 보험 영업에서 열정은 무엇이며 어디에서 나오는 것일까? 즉, 열정의 원천은 무엇일까?

어떤 일을 할 때, 양심과 정직은 인간이 올바른 판단을 하기 위한 최소한의 기준이다. 정직 위에 다른 논리가 있을 수 없고, 양심 위에 어떠한 이유도 올라갈 수 없다. 법보다 더 상위의 가치가 양심이다. 특히 보이지 않는 상품을 판매하는 직업을 가진 사람들은 스스로 정직하지 못하면 낙오자가 될 수밖에 없다. 영업을 하는 동안 이러한 원리를 깨닫지 못하면 고객을 기만하는 것이나 다름없다. 이러한 사람에게 진정한 열정이란 존재하지 않는다. 자기 일에 열정이 있다고 스스로 주장하더라도 그것은 오로지 판매를 위한 거짓 열정일 뿐이다. 다시 한 번 강조하지만 고객에게 정직하게 다가가는 설계사는 인간의 본능에 근거한, 가장 강력한 설득의 힘을 가질 수 있다. 거짓말을 하지 말고, 성실하게, 진실하게 고객에게 다가가라. 거짓말은 한번 하기 시작하면 끝도 없는 사슬처럼 지속적으로 해야 된다는 사실을 인식하라. 정직하면 상대방에게 떳떳해질 수밖에 없다. 당당하게 일을 할 수밖에 없다. 속일 것이 없는데 당당하지 못할 이유가 무엇이겠는가?

이 세상의 모든 사람들에게 당당해지기 위해서는 정직해야 한다. 남을 돕겠다는 순수하고 정직한 마음만이, 힘들더라도 더욱 열심히 할 수 있는 에너지를 줄 수 있다. 이러한 순수한 마음이 고객을 감동시키는 것이다. 정직은 가장 강한 열정의 발로이다. 이는 비단 영업활동에만 적용되는 것이 아니라, 인간의 모든 삶에 적용되는 진리이다.

작가 안도현은 말했다.

"연탄재 함부로 발로 차지 마라. 너는, 누구에게 한 번이라도 뜨거운 사람이었느냐."

고객에게 정직한 열정을 보여주는 설계사가 되길 바란다.

正道 영업을 하라

"당신은 훗날 어떤 사람으로 기억되길 바라는가?" — 피터 드러커

청 시대에 가장 활발하게 활동했던 산시성山西省 상인을 대표하는 진상晋商들은 이렇게 말했다.

"남을 함정에 빠뜨리거나 눈속임을 하는 잔재주를 천시해야 하

며, 오직 정공법에만 의지해야 한다."

시장에서 물건을 파는 사람들에게는 상도商道라는 것이 있다. 그것은 엄격한 법률로 정해진 것이 아니라, 상인들 스스로 넘어서지 말아야 할 공동의 원칙임과 동시에 도덕이었다. 그 원칙과 도덕을 지킨다는 의미는 장사를 하는 모든 상인들 공동의 이익임을 뜻한다. 당장 눈 앞의 작은 이익을 위해서 남을 속인다면 결국은 그 화가 몇 배가 되어 자신에게 오는 것 정도는 옛날 사람들도 잘 알고 있는 사실이었다.

이렇듯 이 세상의 어떤 조직에서든 어떤 직업 세계에서든, 누가 시키지 않더라도 구성원 개개인이 반드시 지켜야 할 도덕은 엄연히 존재한다. 하지만 안타깝게도 최근 영업시장의 상황은 그렇지가 않은 것 같다. 어디를 가나 지탄의 대상은 항상 존재하지만, 그렇다 하더라도 도덕을 어기는 것을 당연시하고 방치하려는 분위기가 만연한다면 누가 힘들게 도덕을 지키려고 하겠는가? 요즘은 정직하게 영업하는 설계사들이 오히려 피해를 본다는 생각이 들 정도로 영업활동 전반에 도덕관념이 많이 무뎌진 것이 사실이다.

어떤 설계사는 "바르게 영업하는 것이 무엇을 의미하는 것인가?" 라고 반문하기도 한다. 많이 판매하는 것이 영업사원의 가장 중요한 목적이라면 판매 과정보다는 결과가 훨씬 중요하다고 주장할 수 있다. 자동차로 목적지에 가장 빨리 도착하는 것만이 유일한 목적이 되어 버린다면, 모두 지켜야 할 신호등은 무용지물이 된다.

영업에서 결과가 중요하지 않다는 말이 아니다. 하지만 분명히 알아야 할 점은, 도덕적인 방법과 좋은 의도로 서로에게 이익이 되는 영업을 하는 사람은 마땅히 인정받아야 한다는 것이다. 반대로 올바르지 못한 방법으로 높은 성과를 낸 사람들을 인정해야 할 이유는 없는 것이다.

원칙과 도덕을 무시하는 행위는 자신뿐만 아니라 상대방에게도 피해를 주게 된다. 도덕관념이 부족한 소수의 설계사들 때문에 다수의 동료, 선후배 설계사들이 많은 피해를 봐서는 안 된다.

영업을 하다 보면 쉽고 빠른 길로 가고 싶은 유혹은 누구에게나 있기 마련이다. 그렇다고 오로지 돈을 벌기 위해 자신의 양심까지 팔면 되겠는가?

자신의 이익을 너무 앞세운 나머지 고객에게 피해를 주는 생각과 언행, 자신의 목적을 달성하기 위해 의도적으로 고객을 속이는 행위, 계약을 하기 위해서는 어쩔 수 없이 고객을 속여야 한다는 사고방식, 확실하지 않거나 잘못된 정보로 고객의 판단력을 흐리게 하는 영업 행위 등은 어떠한 이유로도 정당화될 수 없다.

부도덕한 설계사는 고객 수가 많아질수록 언제 터질지 모르는 시한폭탄을 더 많이 안고 있는 것과 같다. 올바른 소리가 아니면 듣지도 말고, 올바른 현상이 아니면 보지도 말고, 올바른 말이 아니면 하지도 말라고 했다. 당신 주위에 부도덕한 방식으로 많은 돈을 벌고 있는 사람이 있다면 그 사람과 가까이 지내지 말길 바란다. 왜냐하면 가까이 있다는 이유로 당신도 함께 주위의 나쁜 시선을 받게 되고, 무엇보다도 그 유혹의 손길에 빠질 가능성이 너무나 높기 때문이다. 어떻게 된 영문인지는 모르겠지만 요즘은 부도덕한 설계사들이 더 당당해 보인다.

화려하고 달콤한 유혹일수록 독이 강하다는 것은 누구나 아는 사실이다. 그 유혹에 빠지느냐, 그 유혹을 물리치느냐는 자신에게 달렸다. 잘못된 의도는 결국 잘못된 결과로 이어진다.

올바르게 영업하길 바란다. 훗날 시간이 흘러 누군가가 "당신은 정직하게 일을 하셨나요?" 라고 묻는다면 스스로에게 당당할 수 있어야 한다. 아무리 많은 세월이 흘러도 숨길 수가 없는 것이 거짓이다. 영업을 하다 보면 카멜레온 같은 능력이 필요하기도 하지만, 그렇다고 자신의 양심까지도 카멜레온이 되어서는 안 될 것이다. 피터 드러커는 말했다.

"당신은 훗날 어떤 사람으로 기억되길 바라는가?"

고객을 상담과정에 직접 참여시켜라

보험 영업에서 차별화된 마케팅이란 70%의 동일함과 30%의 다름을 의미한다. 이 30%가 완전 다른 결과를 창출한다.

세계적인 자동차 판매왕 조 지라드는 잠재 고객들에게 신차를 직접 만져 보게 하고 운전도 해보게 했다. 이처럼 그는 판매과정에 고객의 적극적인 참여를 유도해 좋은 호응을 불러 일으킬 수 있었고, 판매 실적에도 큰 영향을 미칠 수 있었다고 한다. 그 이후 지라드의 마케팅 방법은 전 세계 모든 자동차 딜러들이 공통적으로 활용하는 방법이 되었다.

실제로 상담과정에 고객들을 직접 참여시키면 계약체결 확률이 월등히 높아진다. 최근에는 보험상품의 종류가 매우 다양해졌고, 복잡해서 이해하기 어려운 것들도 많아졌다. 그리고 인터넷을 통해서 다양한 정보를 더욱 쉽고 간편하게 접할 수 있게 되어 보험에 대한 고객의 지식수준도 많이 향상되었다. 또 사회가 점점 발전되면서 국민들의 생활수준이 높아지고 있고, 개인의 취미와 스타일이 다양해짐에 따라 욕구 또한 개별화되고 다양화되고 있다. 그러므로 영업에서도 예전과는 다른 방식을 탐구하고 습득해야 하는 노력이 더 중요하게 되었다.

판매를 위해 다양한 방법을 활용하는 가장 궁극적인 이유는 고객의 많은 관심을 유발해 판매를 더욱 활성화하기 위함이다. 어떤 설계사들은 복잡하고 현학적인 방법으로 영업하기도 한다. 이러한 설계사는 고객을 만나기 전에 '고객은 복잡한 판매과정을 싫어한다' 는 것을 알 필요가 있다. 명확하고 단순한 것이 수준이 낮음을 의미하지 않는다.

앞에서도, 노련한 설계사는 상담 중 고객에게 많은 질문을 한다고 했다. 그들은 더 나아가 고객을 상담과정에 적극 참여시키고,

판매과정에서 고객을 주인공으로 만듦으로써 적극적인 영업을 하는 데 노력을 기울인다. 예를 들어, 은퇴 설계를 위한 상담을 한다고 할 때, 고객의 은퇴 자금이 어느 정도 되는지를 설계사가 계산해 그것을 일방적으로 알려 주는 방식으로 상담에 임할 수도 있지만, 과정을 고객과 함께 해봄으로써 고객의 이해도를 높일 수 있고, 판매과정에 더 충실해질 수 있다.

또 수익률과 물가상승률, 세율 등을 고객이 희망하는 수치와 값으로 계산해 볼 수도 있다. 이렇게 하면 상담하는 동안 고객은 자신의 문제를 주제로 두고 설계사와 함께 고민하고 연구하게 됨으로써 한층 높은 관심을 유발할 수 있을 뿐만 아니라, 결과 또한 성공적으로 나올 가능성이 높아진다.

과거에는 이런 방식과는 거의 반대로 영업을 했다. 상품에 고객을 끼워 맞추기 바빴다. 그러다 보니 거의 대부분의 사람들이 비슷한 보장에 비슷한 보험료를 지불하게 되었던 것이다. 지금은 이러한 방식으로는 더 이상 영업을 잘할 수 없다. 과거에 비해 고객의 욕구와 눈높이가 달라졌음에도, 과거의 영업 방식을 고수한다는 것은 그 자체로 큰 위험이다.

고객은 설계사가 일방적으로 만들어 온 자료에 더 이상 큰 의미를 두지 않는다. 고객 자신의 것이 아니라고 생각하기 때문에 별다른 흥미를 두지 않는다. 이런 방식을 고수하다 보면 당연히 영업이 어렵게 된다. 상담에서 주인공은 설계사가 아니라 고객이다. 따라서 고객이 상담의 주인공임을 느낄 수 있도록 여건을 조성해야 하는 것은 설계사의 중요한 몫이다.

상담을 하면서 고객과 함께 도출한 수치는 백지 위에다 빨간색 펜으로 크게 적어라. 그리고 왜 이 값이 중요한지를 강조하기 위해 숫자 위에다 동그라미 표시를 하면서 고객의 관심을 자극하라. 이렇게 하면 고객의 시선은 자연스럽게 그 동그라미 안의 숫자에 집중하게 된다. 그러고 나서 다음과 같이 질문하다.

- 고객님, 이 자금을 어떠한 방법을 활용하면 가장 합리적으로 해결할 수 있을까요?
- 고객님, 5%의 수익률로 계산한다면 이 목적자금을 만들기 위해 몇 년이 걸릴지 한번 알아볼까요?
- 그리고 주어진 기간 내에 고객님께서 필요로 하신 자금을 만들기 위해 8%의 수익률과 5%의 수익률로 계산을 한 결과, 매월 불입해야 할 금액이 얼마나 많은 차이가 나는지 알아보면 어떨까요?

이런 식으로 고객과 상담을 함께 진행하면 상담 내내 고객의 높은 관심을 끌어낼 수 있다. 고객이 스스로 계산한 금액에 신기해하기도 하고 놀라기도 한다. 계산 결과로 나온 그 금액을 고객이 이해하지 못하거나 수긍할 수 없다는 반응을 한다면, 다시 한 번 고객이 원하는 대로 수치를 다양하게 바꿔 가면서 계산해 볼 수도 있다. 이러한 과정을 진행하면서 고객은 스스로 많은 것을 알게 되고 또 느끼게 되어 상담에 더욱 적극적인 태도를 가지게 될 것이다.

그렇다고 모든 고객들에게 이렇게 하라는 뜻은 아니다. 이러한 방법이 통하는 고객이 있고, 설계사가 정리해 주기를 원하는 고객이 있다. 하지만 어떻게 영업을 하든, 상담과정에 고객을 참여시킴으로써 많은 효과를 볼 수 있다는 점은 확실하다.

이제 정리하는 멘트를 통해 고객이 올바른 판단을 할 수 있도록 유도하는 일만 남게 된다.

- 고객님, 지금까지 저와 함께 고객님의 은퇴 설계에 대해서 다양한 방법을 사용해 알아보았습니다. 직접 해보시니까 어떤 생각이 드십니까?
- 그렇다면 고객님 내외분의 은퇴 생활비 마련을 위해 어떠한 방법을 사용하는 것이 가장 바람직하다고 생각하시는지요?

당신이 앞으로 만나게 될 고객의 성향이나 처해 있는 상황은 천차만별일 것이다. 그렇기 때문에 정형화된 방식의 틀에 고객을 고정시키는 것은 더더욱 바람직하지 않다. 보험 영업에서 차별화된 마케팅이란 70%의 동일함과 30%의 다름을 의미한다. 이 30%가 완전 다른 결과를 창출한다.

같은 내용이라도 그것을 전달하는 방식에 따라 고객이 받아들이는 태도에는 많은 차이가 난다. 작은 차이가 큰 결과의 차이로 나타나는 것이 영업의 세계이다. 차별화를 꾀하기 위해서 많은 연구를 해야 하는 이유가 바로 여기에 있는 것이다. 이제부터는 상담을 할 때 어떻게 하면 고객을 깊이 참여시킬 수 있는가에 대해서 고민하길 바란다.

영업에서 올바른 고객사랑이란?

고객을 진정으로 사랑하라는 말은 고객을 가족처럼 대해야 한다는 말이다.
그들의 인생도 내 인생처럼 소중하며, 그들의 사랑하는 자식들 또한 나의 자식들처럼 똑같이 소중한 사람이라는 것을 머리가 아닌 가슴으로 느끼는 것을 말한다.

매년 봄이 되면 각 보험사는 전년도 챔피언을 선발한다. 신문이나 잡지를 보면 각 회사에서 1등 한 설계사들의 노하우나 소감을 인터뷰한 기사가 나오는데, 그들이 하나같이 매번 빼놓지 않고 공통으로 하는 말이 있다.

"고객을 진심으로 사랑하십시오."

어쩌면 이 말은 너무 형식적이고 때로는 식상하게 들리기도 한다. 그런데 왜 그들은 약속이라도 한 것처럼 이 말을 공통적으로 하는 것일까? 이 말의 진정한 의미를 깊이 생각해 본 적이 있는가? 고객을 사랑하라는 말의 뜻은 무엇일까?

우리는 눈에 보이지 않는 물건을 파는 사람이다. 보험 영업은 고객의 인생과 미래, 자녀들의 미래, 고객의 은퇴 후 삶을 설계하는 직업이다. 이 세상 어떤 직업보다 의미가 깊고 소중한 직업이다. 반대로 단순하게 밥벌이로 여겨 한 건 올리려고 매일 고객과 씨름을 해야 하는 직업이라고 생각할 수도 있다. 이런 태도로 영업을 하는 설계사들도 많이 있는 것이 현실이다.

고객을 사랑하는 방법을 최대한 빨리 깨닫는 사람이 영업에서 성공할 수 있다고 한다. 그렇다면 고객을 진심으로 사랑하라는 말의 의미가 무엇일까?

먼저 고객은 설계사에게 무엇을 바라고 있을까? 그들이 바라는 것은 설계사의 진정한 관심이다. 만약 어떤 설계사가 고객이 요구하는 것 이상으로 잘 해준다면 고객은 당연히 그 설계사의 배려에 감동하게 될 것이다. 따라서 성공하는 설계사들은 고객의 입장에서 생각하고 고객이 생각하는 것보다 더욱 많은 것을 해주는 사람들이라 생각할 수 있다.

고객은 단순히 상품을 구입하는 사람이 아니고, 상품을 팔아야 할 대상도 아니다. 설계사는 팔기 위해 존재하는 것이 아니라 고객들에게 선택받기 위해 존재하는 것임을 먼저 알 필요가 있다.

고객이 설계사에게 요구하는 것들은 결코 무리한 것들이 아니다. 입장을 바꿔 생각해 보면 고객들의 그러한 심정은 충분히 이해가 된다. 생각해 보라. 고객들이 손해 봐야 할 이유가 있는가? 고객들에게 이익을 먼저 줘야만 설계사들에게도 이익이 돌아오는 것이 진리가 아니던가? 설계사가 자기 이익만을 위해 고객에게 '한 건' 판매하러 왔다는 인상을 주게 된다면 누군들 불쾌해하지 않겠는가? 이러한 행위를 하지 말아야 한다는 것을 잘 알면서도 막상 현장에서는 잊어버리고 판매에만 집중하는 것이 문제이다. 그리고 이러한 실수를 지속적으로 반복하는 것이 더 큰 문제이다. 수년 동안 이러한 행위를 반복적으로 하고 있다고 생각해 보라. 그동안 얼마나 많은 기회를 놓쳐 버렸을까 생각하면 안타깝기 그지없다.

당신 앞에 앉아 있는 고객은 당신이 오기 전에도 많은 설계사들을 경험하면서, 어떤 설계사가 진정으로 고객을 위하는 사람인지 판단할 수 있는 능력이 있는 사람이다. 고객들이 모를 것이라고 판단하고 얕은 속임수로 그들에게 다가간다면 성공적인 상담을 할 가능성은 희박해진다. 왜냐하면 설계사가 아무리 뛰어난 상담능력이 있다 하더라도 고객은 설계사의 말보다는 직관적인 느낌으로 자신에게 이득이 될 것인지, 피해가 될 것인지 알 수 있기 때문이다.

보험 영업이 어린아이를 상대로 하는 것이 아니기 때문에 고객에게서 믿음을 얻지 못한다면 설계사란 직업은 세상에서 가장 어려운 직업이 되고 만다는 것을 잊지 말자.

고객을 진정으로 사랑하라는 말은 고객을 가족처럼 대해야 한다는 말이다. 그들의 인생도 내 인생처럼 소중하며, 그들의 사랑하는 자식들 또한 내 자식들처럼 소중한 사람이라는 것을 머리가 아닌 가슴으로 느끼는 것을 말한다. 이를 제대로 이해해 영업에 적용한다면, 그것은 고객에게 반드시 전달된다는 것을 명심하라.

고객을 사랑하는 설계사를 고객은 진정으로 원하지만 말로 표현하지는 않는다. 이러한 태도를 먼저 보여주는 설계사가 가장 먼저 선택받을 것이다. "무엇을 판매하려고 하기 전에 사람의 마음을 사로잡으라" 는 말은 이러한 것을 두고 하는 말이다.

설계사들이 이러한 진리를 머리로는 알지만 가슴으로 느끼지 못하기 때문에 고객감동이 어렵게만 느껴진다. 이것을 빨리 깨달으면 깨달을수록 고객과 설계사가 서로 더 큰 이익을 주고받을 수 있게 될 것이다.

힘든 세상살이에 우리 이웃들은 갈수록 지쳐가고 있다. 이들에게 따뜻하고 인간적인 관심만큼 강력한 무기는 없다는 것을 알자. 특히 힘이 들 때면 마음 따뜻한 사람이 그립듯이 상대방도 그렇다는 생각을 하라.

고객을 진정으로 위한다는 마음 하나만으로 변함없이 다가가고, 그러한 마음을 고객이 가슴으로 느끼게 될 때 기꺼이 당신의 고객이 되고 후원자가 될 것이다. 따뜻한 마음을 전달하면 그 에너지는 무궁무진하기 때문에 많이 전달하면 할수록 더욱더 많은 기회가 당신 앞에 펼쳐질 것이다.

이것을 영업에 반드시 접목시킬 줄 알아야 한다.

우리 이웃 한 사람 한 사람에게 다가가 그들의 이야기를 성실하게 들어주고 함께 공감하는 것, 그리고 문제를 함께 고민하고 해결책을 찾으려 노력하는 것 자체가 상대방을 존중하고 사랑하는 것임을 잊어서는 안 된다. 이러한 과정들의 반복이 바로 영업이다.

고객이 당신에 대해 기억하는 것은 얼마나 영업을 잘하는가, 혹은 어떤 집에 살고 어떤 차를 소유하고 있는가가 아니다. 고객이 기억하는 것은 당신이 얼마나 좋은 사람이었는가 하는 점이다.

고객의 마음을 사려는 자는 반드시 고객을 진심으로 사랑해야 한다는 말을 이제는 알았을 것이다.

강한 확신만이 고객의 마음을 움직인다

내가 판매하는 상품은 이 세상에서 가장 완벽하지 않을지는 몰라도 내가 만나는 모든 사람들에게 반드시 도움을 줄 수 있다는 확신을 가져라.

영업이란, 상품과 회사에 대한 믿음과 확신을 고객에게 전달하는 과정이라 할 수 있다.

이 말은 곧 고객에게 확실한 믿음을 주지 못하면 영업을 잘할 수 없다는 말과 같다. 최종 결정을 앞둔 고객이 설계사에게 질문을 한다. "정말 이 상품이 다른 어떤 상품보다 저에게 반드시 필요한 것입니까?" 이에 설계사는 조금 머뭇거리다 이렇게 말한다. "네, 아마 99%는 고객님에게 도움이 될 것이라 생각하지만, 솔직히 나머지 1%는 장담을 못하겠습니다."

만약 이런 대답을 들었다면 고객은 어떤 생각을 할까? 자신의 느낌을 너무 솔직히 말한 설계사가 잘못한 것일까? 그렇다면 무엇이 문제인가? 아마도 고객은 99%의 좋은 점보다 1%의 안 좋은 점에 더 많은 관심을 가질 것이다.

"그렇다면 장담하지 못하는 1%가 무엇인지 궁금한데, 말씀해 주실 수 있어요?" 고객이 이렇게 질문한다면 설계사가 어떤 말을 할 것인지 궁금하지 않을 수 없다. 저자도 영업을 하면서 "모든 사람들에게 완벽한 상품이 있을까?" 라는 질문에 대한 답을 찾기 위해 오랫동안 노력했다. 시간이 흐르자 그 의문에 대한 답이 조금씩 명백해졌는데 그것에 대한 확신을 가지는 순간부터 영업도 잘 되었다.

"내가 판매하는 상품은 이 세상에서 가장 완벽하지 않을지는 몰라도 내가 만나는 모든 사람들에게 반드시 도움을 줄 수 있다" 는 강한 확신이 정답이다. 어떤 설계사는 이 말에 동의하지 않을 수도 있다. 중요한 사실은, 이러한 믿음을 가지는 것은 모두 자신에게 달려 있다는 점이다. 확실한 것은 높은 성과를 내기 위해서는 자신이 판매하는 상품에 대해 확고한 신념과 믿음을 가져야 한다는 사실이다. 영업을 장기간 우수하게 잘하는 설계사들은 비정상적일 정도로 상품과 회사에 대한 믿음과 확신을 가지고 있다는 사실은 중요한 시사점이다. 그리고 고객이 원하는 것도 상품에 대한 객관적인 비교와 정보가 아니라 그 상품을 판매하는 설계사의 확신이라는 것을 알아야 한다.

판매자가 믿지 못하는 상품을 고객에게 팔아서는 결코 안 된다. 이것은 고객을 기만하는 행위이다.

"고객님, 저는 많은 위험에 노출되어 있는 직업을 가진 사람입니다. 누구보다도 사고가 날 가능성이 높습니다. 일전에 지방으로

출장을 가다 잠시 졸음 운전을 했었는데 하마터면 바로 대형 사고로 직결될 수 있는 아찔한 상황에 직면했었지요. 정말 1초만 늦게 눈을 떴더라도 무방비 상태에서 큰 사고가 났을 겁니다. 지금은 그때의 상황을 생각하는 것조차도 정말 싫습니다. 그런데 고객님, 그 당시 가장 먼저 떠오르는 것이 무엇이었는지 아십니까? 네, 그렇습니다. 거의 본능적으로 가족의 얼굴이 떠올랐습니다. 특히 아이들 얼굴이 눈앞에 떠오르는 순간, 말로 표현할 수 없는 어떤 책임감이 느껴졌습니다.

저는 업무상 운전을 해야 할 일이 많은데, 그럴 때마다 이 같은 행운이 따라주기를 바랄 수는 없지 않겠습니까? 그 일이 있은 후로 가족의 운명을 행운에 맡겨 둘 수는 없다는 생각이 강하게 들었습니다.

그래서 가족을 위해 준비를 더 하게 되었습니다. 이렇게 가족의 안정을 위해 조금 더 보강을 해놓고 나니, 한결 마음이 가벼워졌습니다. 하는 일에도 더욱 집중할 수 있게 되었고요. 이 증권은 그때 제가 추가로 가입한 것입니다. 첫 번째 증권은 아내를 지키기 위한 것이고, 두 번째 증권은 첫째가 태어난 그날, 그 아기를 위해 가입한 것이고, 세 번째는 둘째를 위한 증권입니다. 마지막은 며칠 전 그 사건 이후 가입한 것입니다. 이 증권들은 제가 언제 어떻게 잘못되더라도 가족을 반드시 지켜 줄 것이라는, 저의 약속입니다. 그리고 ○○회사가 이 약속을 확실히 보증할 것입니다. 이 증서들을 가입하는 시점은 각각 달랐지만 한 가지 중요한 사실은, 가족을 위하는 마음은 시간이 갈수록 간절해졌다는 것입니다.

이러한 마음은 고객님의 경우도 마찬가지일 것입니다. 평소에 표현은 안 하고 계시지만 고객님은 아마 저보다 더 가족을 사랑하고 계실 겁니다. 살아가면서 해야 할 중요한 일이 많이 있습니다. 하지만 그중에서도 가족을 위한 안전장치는 그 어떤 것보다도 우선되어야 하는 일입니다. 가족의 안정을 위한 준비를 하시는 데 망설일 이유가 있을까요? 제 가족을 생각하는 마음으로 고객님의 가족을 보호해 드리고자 합니다. 저의 이러한 진심을 고객님에게 전달하고자 이 자리에 오게 되었습니다."

그러자 그 고객은 설계사의 강한 확신과 가장의 책임을 동시에 느끼게 되었고, 망설임 없이 계약을 체결했다.

"요즘 보험설계사를 만나 보면 하나같이 모두 상품 판매라는 목적에만 치우쳐 있는 것 같습니다. 그래서 믿을 수가 없었어요. 설계사님처럼 가족을 소중하게 생각하는 분을 만나게 되어 너무 좋습니다. 이번에는 이 보험을 계약했지만, 다음 번에는 자녀교육과 은퇴에 대한 보험에도 많은 도움을 주셨으면 합니다. 믿을 수 있는 분 같아서 맡기고 싶습니다."

이처럼 고객에게 감동과 확신을 전달할 수 있어야 한다. 감동은 영업에서 매우 강력한 힘을 발휘한다. 설계사가 고객을 감동시키기 위해서는 먼저 고객이 무엇에 감동하는지 깊이 고민해 봐야 한다. 이것은 누가 주입해 주는 것이 아니라, 전적으로 자신만의 숙제이다.

어떤 설계사가 자신의 사망보험금은 5천만 원만 가입하고 있으면서, 고객들에게는 자신보다 훨씬 많은 사망보험금을 권하고 있다고 생각해 보라. 무엇 때문에 이러한 현상이 일어나는 것일까? 설계사 자신이 상품에 대한 믿음과 보장에 대한 필요성이 없기에 일어나는 현상이다.

자기가 판매하는 상품에 대한 확신이 서지 않으면 판매를 하지 않는 것이 상대방을 배려하는 것이다.

많은 상품을 판매하고 싶다면, 판매하고 있는 상품과 몸 담고 있는 회사에 대해 믿음과 애정을 먼저 가지길 바란다. 그것이 강하면 강할수록 성과는 높아진다.

제4장
클로징을 위한 아이디어

효과적인 클로징을 위한 제안 (사전 거절처리 방안)

가장 좋은 클로징 기술은 클로징이 없도록 하는 것이다. 고객이 가입의 필요성을 강하게 느낄 수 있도록 하면 된다.

브라이언 트레이시는 고객이 상품을 사지 않는 이유는 아래의 다섯 가지가 없기 때문이라고 했다.

"첫째, 필요가 없거나,

둘째, 돈이 없거나,

셋째, 서두를 필요가 없거나,

넷째, 욕구가 없거나,

마지막으로, 신뢰가 없기 때문이다."

이 다섯 가지 중에서 돈이 없는 경우, 즉 경제적 능력이 없는 경우를 제외한 나머지 부분은 설계사의 역량에 따라 판매는 얼마든지 가능하다. 이렇게 본다면 고객이 보험 가입을 할 수 있는 경제적 능력이 있고, 보장이 필요한 상황임에도 보험 판매를 하지 못했다는 것은 설계사의 잘못이라고 봐도 무방한 것이다.

다른 상품과 달리 보험은 사람들이 스스로 필요성을 느끼고 가입하는 경우가 많지 않기 때문에, 판매과정에서 설계사가 적극적인 태도를 취해야 한다. 영업을 하는 동안 설계사의 적극적인 행위는 매우 중요한 태도이다.

고객이 잠재적인 보험 니즈가 있는데도 거절하는 가장 큰 이유는 설계사의 잘못이나 보험상품 그 자체가 싫은 것보다, 그 상품을 구입해야 하는 이유가 약하기 때문이다. 이때 니즈에는 두 가지가 있는데, 일반적인 니즈와 개별적인 니즈가 그것이다. 즉, 니즈Needs와 원츠Wants를 구분할 필요가 있다는 것이다. 얼핏 보면 모두 같은 의미로 인식할 수 있지만 이 둘은 매우 다른 의미이다. 간단하게 설명하면, 니즈는 보편 타당한 욕구, 즉 대중적이고 일반적인 요구를 말한다. 예를 들면 가정을 이루고 있다면 가장의 조기 사망을 대비하고자 하는, 누구나 가지고 있는 공통적인 욕구가 있다. 그리고 젊어서부터 은퇴 준비를 해야 하는 것에는 대다수의 사람들이 공감한다. 이것이 우리가 말하는 니즈인 것이다. 그렇다면 원츠에는 어떤 의미가 있는 것일까? 간단하게 말하면 원츠는 개개인의 개별화된 욕구를 말하는 것이다. 즉, 니즈보다 원츠는 더 개별화되고 구체적인 욕구인 것이다. 따라서 초기에는 니즈에 근거해 다가갈 필요가 있고, 고객과 상담을 시작하게 되면 원츠에 집중해 진행하는 것이 중요하다. 클로징에 강한 설계사가 되기 위해서는 니즈보다 원츠에 집중하는 것이 좋다. 그렇게 하기 위해서는 고객을 더욱 면밀하게 관찰해야 하며, 작고 사소한 것에도 많은 관심을 두어야 한다. 이 고객이 소중하게 생각하는 것은 무엇일까? 이 고객은 지금 어떤 것을 기대하고 있는가? 지금 이 고객의 재무적 상황에서 특이점은 무엇인가? 이 상품이 이 고객에게 어떤 특별한 가치가 있는가? 이와 같이 개별적인 관심사를 찾기 위해 가능한 한 영업에 집중해야 한다. 그리고 큰 영업을 원하거나 전문가 시장을 개척하기 위해서도 보편적인 니즈보다 개별적인 원츠에 대한 연구는 반드시 필요하다. 앞으로는 원츠에 집중하는 설계사가 더 높은 생산성을 가질 것이다.

클로징이 잘 안 될 때에는 계속 밀어 붙일 것이 아니라, 먼저 상대방이 왜 거절을 하는지 알아봐야 한다. 그렇게 하기 위해서는 다양한 질문을 통해 가입을 주저하는 진정한 이유를 파악해야 한다. 고객이 주저할 때 설계사가 공격적인 태도를 보이면 오히려 영업을 망칠 가능성이 훨씬 높다. 왜냐하면 고객이 필요성을 크게 느끼지 못해서 가입을 꺼리는 경우라면 설계사가 아무리 강하게 클로징을 시도한다 하더라도 계약을 하지 않을 것이다. 보험료가 부담이 되어 가입을 꺼린다는 정보를 파악한 경우에는 보험료를 조절하면 가능하겠지만, 만약 그렇지 않은 경우에는 아무리 강력하게 클로징을 주장하더라도 가입하지 않을 것임을 쉽게 이해할 것이다. 따라서 클로징을 잘하는 설계사는 클로징 자체에 큰 의미를 두지 않고 니즈 환기에 우선 집중을 하고, 여의치 않으면 고객이 거절하는 진정한 이유를 파악하는 데 더 많은 노력을 기울인다는 사실을 알아야 한다. 그리고 상담을 하면서 간과한 것이 있거나 미처 알아내지 못한 고객의 요구가 있다면, 그것이 무엇인지 알아내려는 노력 또한 중요하다.

일반적으로 상담이 정상적으로 진행된다면 굳이 계약에 대해 강조하지 않더라도 고객이 필요성을 느껴 자발적으로 계약할 가능성이 높다. 그리고 상담과정에서 고객과 설계사의 견해가 상충되는 부분이 발생하더라도 견해의 차이를 좁혀 나가는 것 또한 중요하다. 이처럼 클로징에서는 특히 상대방의 의중을 파악하는 데 집중해야 한다.

천천히 생각해 보면 고객이 가입을 꺼려 하는 이유는 상담의 초기 단계부터 파악이 가능한 것임을 알 수 있다. 즉, 처음부터 고객의 반응이 냉소적이었거나, 상담 중 고객의 무관심이나 불만을 해소하지 못하고 상담을 일방적으로 진행시켰거나, 고객의 재정상태를 정확하게 파악하지 못한 채 무리한 보험료를 강요했거나, 고객의 숨은 니즈를 제대로 파악하지 못했기 때문에 고객의 거절이 발생하게 되는 것이다.

따라서 보험 영업에서 클로징을 잘하기 위한 특별한 기술이나 노하우는 존재하지 않는다. 클로징은 상담의 전 과정을 만족한다는 고객의 의사표시 그 이상도 이하도 아니기 때문이다.

고객이 왜 서명을 하지 않는지 그 원인을 파악하는 데 활용할 만한 몇 가지 질문에 대해 알아보자.

- 혹시 가입을 주저하시는 이유가 보험료 때문인가요?
- 지금 가입을 하지 않는 이유가 사모님의 반대 때문인가요?
- 보험료가 높은 것이 문제인가요?
- 사장님, 마지막으로 한 가지만 여쭤봐도 될까요? 어떠한 이유로 가입을 주저하고 계십니까?
- 가입을 하시지 않는 말 못할 특별한 이유라도 있습니까? 고객님께서 솔직히 말씀해 주시면, 제가 앞으로 일을 하면서 많은 도움이 될 수 있습니다.
- 사장님께서 가지고 계시는 어려움이 있다면, 이번의 계약과 상관없이 그 이유를 말씀해 주시겠습니까?
- 사장님께서는 당장 계약을 하시기가 어렵다는 말씀이시죠? 그렇다면 오늘은 그만하겠습니다. 2~3일 후면 계약이 가능하시겠습니까?

이와 같은 질문을 활용해 고객이 가입하지 않는 이유를 가능한 한 정확하게 파악할 수 있어야 한다. 하지만 이것은 쉬운 과정이 결코 아니다. 왜냐하면 고객은 가입을 주저하는 이유에 대해 좀처럼 말하지 않기 때문이다. 그렇다 하더라도 쉽게 포기해서는 안 된다. 노력할 수 있는 한 최선을 다해 고객의 진짜 의도를 파악하는 데 집중해야 한다.

반면, 계약할 가능성이 희박하다는 판단이 들면 더 이상 부담주는 행동은 하지 않는 것이 더 유리하다. 설계사의 무리한 요구는 오히려 고객과 불필요한 갈등 관계만 형성하게 되어, 다음 방문이나 영업에 많은 차질을 줄 수도 있기 때문이다. 고객이 싫어하는 것을 강요할 어떠한 이유도 존재하지 않는다.

결국, 가장 좋은 클로징 기술은 클로징 시도가 없도록 하는 것이다. 고객이 가입의 필요성을 강하게 느낄 수 있도록 하면 된다. 그렇게 되면 클로징을 시도하지 않더라도 고객은 자연스럽게 설계사의 도움을 필요로 할 것이기 때문이다.

보험상품을 충동구매한다? (강력한 거절 처리방안)

살아가면서 반드시 필요한 보험 가입은 충동구매가 아니라, 최상의 선택이다.

맥스 브와소Max Boisot는 말했다.

"물리적인 물품의 가치는 상호 비교에 의해 결정된다."

보험은 눈에 보이지 않는다. 고객이 형태를 볼 수도, 손으로 만져보거나 직접 조작해 볼 수도 없다. 또한 사고가 발생하지 않는 한, 일상생활을 하면서 보험의 효용성에 대해 직접 체험하기도 어렵다. 이와 같이 보험에는 일반 상품과는 다른 특징이 있다. 이러한 특징들은 영업에서 어떻게 작용하는 것일까?

보험상품이 가지고 있는 특징을 어떻게 활용해야 하는지 자세하게 알아보자.

우선, 상품을 비교하는 데 집중하기보다는, 그 상품이 개인에게 어떠한 가치가 있는지에 더 집중할 필요가 있다. 여기서 가치란 상품의 특징과 이점만을 뜻하는 것이 아니라, 고객의 삶에서 꼭 이루어야 하는 목표를 달성하는 데 어떤 의미가 있고, 어떤 역할을 하는지를 포함하는 종합적이고 추상적인 의미이다. 따라서 미시적인 관점도 중요하지만, 거시적인 관점을 가지는 것이 더욱 중요하다. 설계사마다 보험의 가치를 표현하는 방식이 다를 수 있다. 삶에 대한 사고방식과 태도가 모두 다르듯이, 같은 상품이라 할지라도 각자 받아들이는 가치도 모두 다를 것이다. 보험의 가치를 가슴 깊이 새기고 그 가치를 효과적인 방법으로 전달할 수 있는 설계사가 더 높은 성과를 달성하는 것은 너무나 당연한 이치이다. 만약 보험의 가치를 금전적으로 계산할 수 있다거나, 보험과 다른 금융상품을 비교해 보여줄 수 있다면, 고객은 가치에 대해 더 쉽게 이해할 수 있을 것이다.

그렇다면 어떻게 하면 보험이 가지고 있는 가치를 효과적으로 표현할 수 있을까? 완벽하게 표현하기는 힘들겠지만, 그래도 가치를 최대한 잘 표현할 수 있는 기준이 되는 몇 가지 사항에 대해서 알아보자.

첫째, 시간이 좋은 기준이 된다. 즉, 같은 조건하에서 같은 목적자금을 만들기 위해서라면, 긴 기간이 소요되는 것보다 되도록 짧은 기간이 소요되는 것을 더 선호하게 될 것이다.

둘째, 고객이 원하는 목표를 달성하기 위해 감수해야 하는 위험 또한 중요한 척도가 될 수 있다. 위험이 얼마나 큰가, 다른 비슷한 상품과 비교할 때 상대적인 위험은 어떠한가 하는 기준은 합리적인 판단을 하는 데 매우 중요한 선택사항이 된다. 특히 최근 들어 투자형 보험상품이 많이 출시되는 상황에서 위험의 크기는 선택하는 데 매우 중요한 기준이 되고 있다. 당연히 같은 값이면 작은 위험을 수반하는 상품을 선택하려 할 것이다.

셋째, 수익률 또한 중요한 기준이 된다. 동일한 조건하에서 같은 기간 동안 같은 금액을 불입한다면 가능한 한 많은 수익을 얻을 수 있는 상품을 선택할 것이다. 고객의 입장에서는 최소의 비용으로 최대한 많은 결과를 얻으려 할 것이기 때문에, 높은 수익률은 상품을 선택하는 데 매우 중요한 판단기준이 된다.

넷째, 원하는 목표가 자신의 삶에서 얼마나 큰 의미를 차지하는지가 의사결정을 하는 데 중요한 기준이 될 수 있다. 사람은 각자 미래에 대한 어떤 목표를 가지고 있기 때문에 그것을 달성하기 위해 계획을 세우고 실천한다. 자신에게 그 목표의 의미가 얼마나 크고 소중한가에 따라 실행할 의지에 차이가 발생한다. 정말 소중한 가치와 의미가 있다면 아무리 어려운 상황이 오더라도 끝까지 달성하려고 노력할 것이다. 목표에 두는 의미와 가치는 매우 주관적이고 상대적인 측면이 강하므로 이 부분은 영업할 때 설계사의 역량에 따라 결과가 크게 좌우되는 부분이기도 하다.

마지막으로, 차별화가 중요한 기준이 될 수 있다. 이는 상품,

회사, 설계사의 차별화를 말한다. 같은 값이면, 더 높은 경쟁력을 가진 상품을 선호할 것이고, 인지도가 높은 회사를 선택하려 할 것이다. 그리고 무엇보다 향후 관리해 줄 설계사가 얼마나 믿을 수 있는 사람인지, 얼마나 유능한 사람인지도 매우 중요한 판단기준이 된다.

가치를 구체적인 것으로 표현하기란 결코 쉽지는 않다. 하지만 위의 다섯 가지 기준으로 가치를 표현하기 위해 노력한다면 더 구체적이고 합리적인 방법으로 고객에게 전달할 수도 있을 것이다. 즉, 상담을 할 때 다섯 가지의 기준을 명확하게 표현할 수 있다면 고객은 보험의 가치를 더욱 명확하게 이해할 수 있을 것이다.

보험상품과 일반 상품의 또 다른 차이는 일상 생활에 필요한 소비재 상품들은 고객이 자발적으로 구입하는 경향이 강하나, 보험은 그렇지 않다는 것이다. 일반적으로 생필품을 구입할 때는 구매 저항이라는 것이 크지 않거나, 거의 존재하지 않는다. 진열대에 놓인 상품에서, 자신의 선호도, 회사의 이미지나 상품의 가격, 소비자의 추천 같은 한정된 정보를 가지고도 충분히 결정할 수 있기 때문이다. 잘못된 판단에 따른 비용 또한 크지 않다.

반면, 보험은 한 번의 잘못된 가입으로 인한 시간적, 금전적, 정신적 스트레스가 상대적으로 크게 나타난다. 또한 생활 필수품은 현재의 니즈에 근거해 구입하는 반면, 보험은 현재의 소비를 줄이거나 유보한 대가로 미래에 발생할 수 있는 사고를 대비하거나 미래를 위해 저축하는 것에 더 큰 의미를 두는 상품이다.

일반적으로 사람들은 현재의 소비가 미래의 소비보다 중요하다고 생각하는 경향이 있다. 따라서 설계사는 고객에게 무조건적인 희생을 강요하기보다는 미래의 소비가 현재의 소비만큼 중요하거나 그 이상이라는 점을 확실하게 전달하는 데 집중할 필요가 있다. 고객이 이 점을 충분히 이해한다면, 왜 지금 준비하는 것이 중요한지 더 빨리 깨닫게 될 것이기 때문이다.

"지금 당장 서명을 하기 전에 생각을 좀 해 봐야겠네요. 지금까지 저는 고가의 상품을 구입하기 전에 충동구매를 한 경험이 많아요. 이번에도 같은 실수를 반복하고 싶지는 않아요. 그래서 저에게 시간을 주시면 제가 충분히 검토를 한 뒤에 판단을 하겠습니다. 설계사님도 충동구매를 하는 것이 바람직하지 않다는 생각에는 동의하시죠?"

만약 어떤 고객이 이렇게 말했다고 가정해 보자. 당신이라면 이러한 상황을 어떻게 풀어 가겠는가? 이 상황을 어떠한 방법으로 해결하는 것이 가장 바람직할까?

우선 보험 가입을 함에 있어서 충동 가입이라는 말이 과연 적절한가부터 생각해 볼 필요가 있다.

만약 어떤 고객이 어떤 치명적인 위험에 노출되어 있다면, 가장 합리적인 방법은 가능한 한 빨리 그 위험을 제거하는 것이다. 자신에게 위험이 일어나지 않기만을 바라면서 하루 24시간, 1년 365일,

그리고 수십 년을 살아야 한다면 너무나 불안하지 않을까? 가장이 조기 사망함으로 인해 가족의 삶 자체가 붕괴될 수도 있는 중대한 위험은 가능한 한 빨리 그리고 가장 합리적인 방법으로 제거해야 할 대상이지, 차일피일 미룰 대상이 결코 아니다. 따라서 이러한 위험에 대비해 준비하는 것을 두고서 "충동적으로 판단해서는 안 된다"라고 표현하는 것 자체가 옳지 않은 것이다. 보험을 가입할 당시는 일반적으로 보험상품에 대한 니즈가 강하다. 가입 후 어느 정도의 시간이 지나면서 때로는 예전에 가입한 보험상품에 대해 후회하기도 한다. 하지만 더 많은 시간이 지나게 되면 후회보다는 잘했다는 생각이 들게 된다. 오히려 '그때 좀 더, 충분히 제대로 가입을 할 걸!' 하는 생각이 더 많이 드는 것이 일반적이다.

구매라는 행위를 함에 있어서 일반 상품과 보험상품을 같은 선상에서 비교하는 것 자체가 잘못일 수도 있다. 일반 상품은 구입 후, 그것이 가진 가치보다 비싼 값을 치렀다는 생각이 들게 되면 후회를 한다. 더욱이 그것을 유지 · 관리하는 과정에서 예상하지 못한 추가 비용이 들면 후회는 더 커지게 된다.

하지만 보험은 가입 후 이러한 후회는 하지 않아도 된다. 또 보험상품 자체의 감가상각도 일어나지 않는다. 오히려 시간이 갈수록 비용 대비 가치는 점점 더 커진다. 그리고 보험은 매우 합리적인 상품이다. 대수의 확률을 이용해 평균적 · 합리적인 비용을 산정한다. 그렇기 때문에 동일한 조건의 보장을 비싼 값에 가입하거나, 싼 값에 가입할 수 있는 성격의 상품이 아니다. 따라서 일반 물건처럼 바가지를 쓸 일은 없다. 물론 각종 사업비나 설계사 수당 등이 있긴 하지만, 이것은 장기적으로 보험 계약자가 받을 혜택에 비한다면 너무나 적은 금액이다. 보험에 가입하는 것은 보험금을 받기 위함이 아니라, 사고를 당하더라도 금전적 보장으로 남은 삶을 최대한 안정적으로 유지하기 위함이다. 작은 것을 민감하게 생각하다 보면 올바른 판단을 하는 데 주저하게 되고, 이러한 주저함이 오히려 화가 되기도 한다.

보험은 가입할 당시가 가장 싸다는 점에서도 일반 상품과 차이가 있다. 전자 제품은 첨단기술의 발달과 대량생산 방식을 통해 기존의 상품보다 싸고 성능이 좋은 상품을 만들어낼 수 있다.

하지만 보험은 그 반대이다. 만약 어떤 사람이 "급하게 가입해야 할 이유는 없지" 라고 말했다면 그것은 미루는 것에 대한 손해를 스스로 덮어쓰는 것과 같다. 그러므로 자신에게 전혀 불필요한 상품을 제외하면 빨리 가입하는 것이 손해를 최대한 피하는 길이다.

또한 계약자의 나이가 많아지면 위험에 대한 비용이 높아져 더욱 비싼 보험료를 지불해야 한다. 그리고 같은 나이라 하더라도 보험을 가입할 수 있는 자격이 되지 않는다면, 돈이 많다 하더라도 할 수 없거나, 추가적인 비용을 부담해야만이 가입이 가능하다. 이런 측면에서 보면 보험은 가입이 가장 시급한 사람에게 가입의 자유를 주지 않는 측면도 있다.

이러한 다양한 관점에서 볼 때 인간의 삶에 이렇게 중요한 역할을 하는 보험에 '충동구매' 라는 표현은 바람직하지 않은 것 같다.

더 적극적으로 고객을 찾아가라. 왜냐하면 이것이 그들을 위하는 행동이기 때문이다. 고객들은 수동적일 수밖에 없다. 그렇기 때문에 당신은 더 적극적인 태도를 가져야 한다. 살아가면서 반드시 필요한 보험 가입은 충동구매가 아니라, 최상의 선택이다. 더 적극적으로 더 많은 고객에게 자신있게 보험 가입을 권하길 바란다. 남보다 더 많은 봉사를 하고 싶다면 더 많은 계약을 해야 하는 것이다. 이것은 아주 냉정한 사실이다.

나의 이익 = 고객의 손해

"정직한 영업에서 최대 승자는 고객이기 때문에 고객에게 계약을 요구하지 않는 것은 이기적이고 무심한 행동이다." – 어느 세일즈 전문가 –

고객을 위하려는 욕심만 영업에서 허용될 수 있다. 그 밖의 어떠한 사욕도 고객에게 전달이 되어서는 안 된다.

어느 유명한 세일즈 전문가는 이렇게 말했다.

"정직한 영업에서 최대 승자는 고객이기 때문에 고객에게 계약을 요구하지 않는 것은 이기적이고 무심한 행동이다."

이 말에는 고객에 대한 무한한 애정과 적극적으로 영업해야 하는 당위성이 강력하게 표현되어 있다. 이처럼 자기가 하는 일에 대한 의미와 가치에 대해 스스로 동기부여를 지속적으로 한다면, 지치지 않는 영업활동을 할 수 있다.

고객을 최후의 승자로 만든다는 말은 보험을 팔아 수당을 챙기려는 태도와는 정확하게 반대이다. 고객은 설계사의 태도를 본능적으로 알 수 있다고 한다. 그래서 고객의 이익을 먼저 생각하는 설계사는 더욱 고객의 선택을 받게 되고, 반대로 자신의 이익에만 연연하는 설계사는 성과가 더욱 좋지 않은 악순환이 지속적으로 일어날 가능성이 높다. 사실 두 태도의 차이는 종이 한 장 차이와 같다. 영업을 하는 이유가 고객을 위해서인가, 자신을 위해서인가? 둘 다 정답이 될 수 있다. 하지만 어느 것에 우선순위를 두느냐에 따라 전혀 다른 결과가 나온다는 것을 인정할 필요가 있다.

고객이라면 누구나 진실하고 성실한 설계사에게 관리받고 싶어하는 것이 당연한 현상이다. 당신이 고객이라면, 언제 그만둘지 모르는 설계사에게, 자기 이익만을 위해 접근하는 설계사에게 계약하고 싶겠는가?

많은 고객을 유치하려면, 많은 사람들에게 최대한 많은 이익을 주려고 힘써야 한다. 실제로도 보험의 수혜자는 설계사가 아니다. 설계사 자신의 계약이 아니라 고객의 계약이다. 이 점을 올바르게 인식하는 설계사라면 자신이 계약으로 받을 수당보다 고객이 받을 이익이 크다는 것을 알 것이다. 영업의 세계에서 최고의 승자는 고객이라는 논리는 조금도 틀림이 없는 말이다.

가끔씩 이와 반대되는 생각을 가진 설계사들을 볼 수 있다. 즉,

고객의 이익을 최우선으로 생각하는 것이 아니라 자신의 이익을 채우는 데 급급한 설계사를 말한다. 고객들은 이런 이기적인 설계사들에게 속아 넘어가지 않도록 각별히 조심해야 한다. 그리고 무엇보다도 이러한 태도로 일을 하는 것이 얼마나 힘든 일인지는 시간이 가면 자연스럽게 느낄 것이다. 떳떳하지 못한 의도와 정당하지 못한 방식으로는 결코 인정받는 영업을 하지 못한다.

고객을 위하려는 욕심만 영업에서 허용될 수 있다. 그 밖의 어떠한 사욕도 고객에게 전달이 되어서는 안 된다. 아이러니한 사실은, 이러한 개인적인 욕심이 많으면 많을수록 오히려 영업의 성과는 반대로 된다는 것이다.

고객에게 더 많이 봉사할수록 더 크게 성공할 수 있는 것이 보험 영업의 세계이다. 오늘도 힘든 발걸음을 재촉해야 하는 이유는 바로 더 많은 고객들을 승자로 만들어야 하기 위함임을 잊지 말자.

클로징 리허설

완벽해질 수는 없지만 완벽함에 도달하기 위해 노력하는 자세가 당신을 진정한 프로 설계사로 만들어 나갈 것이다.

고객과 상담을 앞두고 당신은 주로 어떤 준비를 하는가? 예를 들면, 상담에 활용할 각종 자료, 가입 설계서, 기타 상담에 필요한 화법, 깨끗한 외모 등이 있다.

그런데 매우 중요하지만 쉽게 간과하는 것이 있는데 그것은 바로 '가상 리허설' 이다. 곧 있을 상담을 상상으로 미리 준비하는 것을 뜻한다. 이렇게 미리 연습해 봄으로써 전체적인 상담의 흐름을 그려볼 수 있고, 상담에 필요한 각종 영감이나 다양한 힌트를 얻을 수 있다. 이것은 상담을 더욱 효과적으로 이끌어 갈 수 있기 위함이다. 이러한 준비는 입사면접 준비 시, 면접관을 만나기 전에 최종적으로 점검하는 것과 같은 이치이다.

그렇다면 리허설을 어떻게 하면 될까? 우선, 이번에 만나게 될 고객과는 상담을 어떻게 진행할 것인지 생각한다. 사람마다 처한 상황과 요구하는 것이 모두 다르기 때문에 매번 같은 방식으로 상담을 진행할 수는 없다. 그 다음으로는 핵심적인 사항들에 대해 어떻게 합의를 이끌어낼 것인지도 차근차근 생각해 본다. 즉, 고객이 어떤 거절을 할 것인지, 거절에 대해 어떤 준비를 할 것인지, 고객이 요구하는 것이 있다면 그것을 어떻게 충족시킬지 미리 생각해 보는 것이다. 동영상을 보는 것처럼 생생하고 사실적으로 그 상황을 묘사할 필요가 있다. 당신이 바로 이 드라마의 작가이자 연출가이기 때문에 최대한 현실적인 가능성에 근거해 상상해야 한다.

자, 이제 벨을 누르고 현관문을 연다. 돌아서서 벗은 신발을 가지런히 정리한다. 그리고 밝고 자연스러운 표정으로 인사를 한다. 고객에게 여유 있는 모습으로 비쳐지도록 노력한다. 악수는 힘차고 당당하게 하고, 미리 준비한 명함을 꺼내 오른손으로 건네고 왼손으로 상대방의 명함을 공손히 받는다.

그 고객의 집안은 전체적으로 정리정돈이 잘 되어 있다. 검붉은 색의 크고 긴 소파가 멋있다. 나는 소파 가운데 앉는다. 고개를 들어 정면을 보니 가족 사진이 보인다. 다가가서 사진을 관찰한다. 아이의 이름과 나이, 좋아하는 것에 대해서 가볍게 물어 보고, 아이의 이름을 수첩에다 적어 놓는다.

처음에는 가족들에 관한 이야기를 하는 것이 좋을 것 같다. 그렇다면 가족과 관련해 유쾌한 대화가 가능한 것이 무엇이 있을까?

오늘은 프레젠테이션까지 가능할까? 만약 가능하다면 어떤 방식으로 하면 좋을까? 어떤 자료를 활용할까? 클로징을 시도할 때 고객이 만약 다음으로 미루자고 한다면, 어떻게 대처하는 것이 좋을까? 어떤 질문을 미리 준비하는 것이 좋을까?

상담 전 이와 같은 다양한 상상을 미리 해본다. 이렇게 하는 데 많은 시간이 소요되지 않는다. 대략 5분이면 된다.

신기한 점은 이렇게 연습을 미리 하면 이상하게도 상담이 생각했던 것과 비슷하게 진행이 될 가능성이 높다는 것이다. 생각으로 미리 연습을 한번 해본 것이 실제 상황에서 상담을 안정적으로 진행하는 데 큰 도움을 주게 된다. 또한 불필요한 실수를 사전에 많이 줄일 수 있는 효과도 있다. 이처럼 상담을 하기 전 예상 가능한 문제점들을 미리 생각해 본다는 것은 매우 의미 있는 연습이다.

상담을 하기 전 이렇게 연습해 보길 바란다. 가상의 리허설을 자주 반복하게 되면 점점 더 세밀하고 구체적인 부분까지 생각이 미칠 수 있게 될 것이다. 가상의 리허설을 하면 할수록 상담을 점점 더 효율적이고 노련하게 진행할 수 있다. 그리고 이렇게 함으로써 당신은 한 차원 높은 창의적인 영업을 할 수 있을 것이다.

주의할 점은 가급적 짧은 시간에 집중해서 상상해야 한다는 것이다. 집중해 생각하지 않으면 효과가 많이 떨어진다는 점을 미리 알려둔다. 그리고 상상하기 가장 좋은 시점은 고객을 만나기 30분 전이다. 이렇게 함으로써 머릿속으로 상상한 대로 상담이 진행되는 경험을 꼭 해보길 바란다.

이처럼 고객과의 만남을 앞두고 차분하게 준비하는 시간은 매우 중요하다. 매 상담에 최대한 집중하길 원한다면 상담 전에 꼭 리허설을 해보기 바란다. 프로는 사소한 실수 하나라도 놓치지 않으려고 끊임없이 노력하는 사람이다. 일반 사람들이 쉽게 생각하고 간과하는 것을 프로는 예사롭게 넘기지 않는다. 완벽해질 수는 없지만 완벽함에 도달하기 위해 노력하는 자세가 당신을 진정한 프로 설계사로 만들어 나갈 것이다.

여유가 없다는 고객을 클로징하는 방법

아무리 어려운 상황에 직면하더라도 포기하지 말고 끊임없이 노력해 보라. 자신이 하는 일에 집중한다면 좋은 아이디어는 항상 떠오르게 마련이다.

"보험 계약을 하고 싶어도 여유가 없어서 못해요. 애들 교육비가 얼마나 많이 드는지 몰라요. 저희들도 설계사님께서 조언해 주신 것처럼 대비할 수 있었으면 좋겠습니다. 사실은 저희들도 많이 답답해요" 라고 말하는 고객들을 의외로 많이 만날 것이다.

결론을 이야기하자면, 여유가 없다는 고객들을 위한 효과적인 거절 처리방법은 없다. 하지만 그렇다고 포기는 금물. 저자는 이와 같은 고객들에게도 보험 계약을 했다.

"선생님께서는 보험을 가입하고 싶어도 여유가 없기 때문에 할 수 없다고 말씀하셨습니다. 그렇죠?"

"네."

"그렇다면 만약 선생님께 오늘 갑자기 여윳돈이 생긴다거나 선생님의 연봉이 10% 오른다면 보험 가입이 가능하신가요?"

"그럼요, 저도 그렇게 되길 바랍니다."

"선생님, 잘만 하면 해결이 가능할 수도 있습니다. 제가 선생님의 여윳돈을 만들어 보도록 노력해 보겠습니다. 이렇게 하기 위해서 저에게 한 가지 협조만 해주시면 됩니다."

"어떻게요?"

"일단 사모님을 만나게 해 주시면 됩니다."

"그래서 어떻게 하실 건가요?"

"일단 사모님을 만나게만 해주시면 여윳돈을 만들어낼 수 있는지 없는지가 명확하게 결정납니다. 하지만 얼마나 만들어낼지는 장담 못합니다."

"어떻게 만드신다는 말씀이시죠?"

"기대를 하셔도 좋습니다. 더불어 선생님께서는 이 부분에 대해 걱정하실 일이 전혀 없다는 것만 말씀 드리겠습니다. 일이 잘 된다면 제가 선생님께 바로 보고 드리겠습니다. 그나저나, 사모님을 어제쯤 만날 수 있을까요?"

이렇게 한 다음, 사모님과 만나 당신이 해야 할 일은 간편 재정설계이다. 재정설계라고 해서 복잡하게 생각할 이유는 전혀 없다. 평상시 이웃들과 편하게 할 수 있는 수준의 대화를 통해서도 얼마든지 훌륭한 재정설계를 할 수 있기 때문이다. 애써 복잡한 차트나 수치를 입력하여 어렵게 만들 필요는 없다. 고객과의 자연스러운 대화를 통해 여윳돈을 만들어 나가는 과정은 이렇다.

우선, 생활비를 줄인다면 어느 정도까지 줄일 수 있는지, 자녀 학원비 및 사교육비 중에서 절약하거나 줄일 수 있는 부분이 있다면 어떤 것을 어느 수준까지 줄일 수 있는지에 대해서 진지하게 대화하는 것이다. 이렇게 줄인 자금은 장래 자녀의 대학 학자금 및 유학자금이나 부부의 은퇴자금 명목으로도 훌륭한 대안이 될 수 있다. 또는 고객이 저축이나 투자하고 있는 자금이 있다면, 그것이 명확한 목적을 가지고 있는지를 반드시 물어보라. 그렇게 하면 대부분의 고객은 명확한 목적에 대해서 이야기하지 못한다. 고객에게 이렇게 말해 본다.

"고객님, 아무리 작은 금액이라도 투자하는 목적이 분명해야 합니다. 목적이 불분명하게 되면 체계적인 준비가 불가능하기 때문입니다. 이러한 것들이 지속적으로 반복된다면, 큰 손실이 아닐 수 없습니다. 앞으로는 제가 고객님의 인생설계에 이러한 실수가 발생하지 않도록 최선을 다해 돕고 싶습니다."

그 다음 당신이 할 일은 고객의 삶의 목적을 명확하게 재정립할 수 있도록 도와주는 일이다.

저자는 이렇게 해서 여유가 없어 준비할 수 없다고 말하는 사람들에게 많은 계약을 할 수 있었다.

아무리 어려운 상황에 직면하더라도 포기하지 말고 끊임없이 노력해 보라. 자신이 하는 일에 집중한다면 좋은 아이디어는 항상 떠오르게 마련이다.

보험료를 올려 계약하는 방법

보험료를 결정하는 과정에 고객을 적극적으로 관여시킬 수 있는 것은 좋은 상담 기술이다.

클로징 단계에서 고객은 적절한 보험료에 대한 결정을 내리지 못하는 경우가 종종 있다. 고객의 입장에서는 하나의 상품에 계약한다는 단순한 문제로 끝나는 것이 아니라, 고려해야 할 사항이 많기 때문에 적절한 보험료에 대한 결정이 쉽지 않을 수도 있다.

이럴 때를 대비해 활용할 만한 좋은 방법을 소개하고자 한다.

"제가 듣기로 선생님께서는 매월 보험료로 30만원 정도가 적절하다고 하셨는데요, 맞습니까?"

"네, 그렇습니다."

"이 정도면 무리가 안 된다는 뜻인가요? 아니면 적절하다는 말씀이신가요?"

"제 말은 무리가 안 된다는 말입니다만."

"전혀 그런 건 아닙니다. 사실은 제가 한두 가지 더 보여드려야 할 게 있는 것 같아서요."

"그게 뭔가요."

"네, 선생님, A 플랜은 월 보험료가 50만원이고, B 플랜은 월 보험료가 80만원입니다. 선생님께서 부담이 없다고 생각하신 수준에서 매월 지급되는 연금은 50만원입니다. 제 개인적인 생각입니다만, 선생님 내외분의 생활수준으로 보아, 그 정도의 연금액으로는 부족할 것 같습니다. 은퇴자금은 생각보다 많이 필요합니다. 단순히 용돈이나 생활비에 보탬이 되는 수준의 자금만 생각해서는 안 됩니다. 제가 조금 전에도 진지하게 말씀드렸지만, 퇴직 전의 은퇴 플랜은 매우 중요합니다. 즉, 준비를 어떻게 하는가에 따라 은퇴 후의 삶이 180도 달라지기 때문이죠. 그래서 제가 제시한 이 플랜들도 한 번 고려해 주시면 감사하겠습니다.

첫 번째 플랜은 매월 20만원만 더 준비를 하신다면 평생 수령하실 수 있는 연금이 50만원에서 100만원으로 늘어나게 됩니다. 그리고 두 번째 플랜은 매월 50만원을 더 준비하신다면 평생 동안 매월 수령할 수 있는 연금이 200만원으로 늘어납니다. 선생님 그렇다고 부담은 갖지 마시길 바랍니다. 저는 선생님과 사모님의 노후를 걱정해서 말씀 드린 겁니다. 이왕 준비를 하실 거라면 조금 무리가 되시더라도 제대로 하시는 것이 좋을 듯해서요. 판단은 선생님께서 해 주십시오."

이렇게 한다면 이 고객은 어떤 결정을 하게 될까? 그렇다. 일반적으로 중간 값인 50만원으로 결정할 가능성이 높다. 이유는 이렇다. 고객이 보험 가입을 하기로 결정을 내린 상황은, 보험 가입에 대한 니즈가 높다는 것을 의미한다. 이러한 상황에서 고객에게 선택을 할 수 있는 옵션을 주게 되면, 일반적으로 고객은 혼란에 빠질 가능성이 높다. 즉, 30만원으로 할까, 50만원으로 할까, 아니면 80만원으로 할까, 하는 고민을 하게 된다.

고객은 생각한다. '평생 받을 연금이 월 50만원은 왠지 좀 적어 보이긴 해. 받고 싶은 연금은 많을수록 좋지만, 그렇다고 매월 보험료가 너무 높은 것도 부담스럽고. 그렇다면 어떻게 하는 것이 좋을까? 그래, 매월 50만원 정도는 불입해도 괜찮을 같아. 조금 부담스럽긴 하지만 큰 무리는 아닌 것 같아. 조금만 아끼면 되는 걸

뭐. 그래, 매월 50만원을 불입하는 것으로 하자.'

고객은 당신에게 말할 것이다.

"생각해 보니 50만원이 적당할 것 같습니다" 라고.

클로징 단계에서 고객에게 선택할 수 있는 옵션을 주는 것은 좋은 방법이다. 일반적으로 고객들은 보험료에 대해 소극적인 태도를 보인다. 보험료를 결정하는 과정에 고객을 적극적으로 관여시킬 수 있는 것은 좋은 상담 기술이다. 고객이 자신의 보험료를 결정하는 것에 더욱 적극적이라는 말은 철저하게 준비하려는 태도를 말한다.

이러한 시도는 다른 여러 가지 면에서 좋은 점이 많았다. 첫째, 고객이 큰 기대와 애착을 가지고 결정을 했기 때문에 유지하기가 수월하다. 둘째, 이 방법은 설계사의 생산성을 획기적으로 높일 수도 있다.

바로 시도해 보라. 분명 큰 효과가 있을 것이다.

결정을 못해 머뭇거리는 고객에게 날리는 결정타

고객이 아무리 거절을 심하게 한다 하더라도 꼭 필요한 보장과는 타협하지 마라.

클로징 시도 시, 고객이 결정을 못해 머뭇거릴 때를 대비해 비장의 카드를 준비하고 있는 것이 여러모로 유리하다. 저자가 활용한 방법은 어떤 고객이 저자에게 준 하나의 메모를 활용한 것이었다. 그 고객은 보험료 때문에 충분한 보장을 제대로 준비하지 않아서 낭패를 본 사연이다. 즉, 보험료에 대해 너무 민감하게 생각한 나머지, 보장의 본래 기능에 대해 과소평가했던 것이다.

"○○씨 제발 다시는 저 같은 어리석은 사람이 없었으면 하는 마음에서 이 글을 씁니다. 고객이 아무리 거절을 심하게 하더라도 꼭 필요한 보장과는 타협하지 마시길 바랍니다. 그때가 제 인생에서 가장 어리석은 판단을 했던 때인 것 같습니다. 죄송합니다. 그리고 용서해 주세요."

이 편지를 보여주면서 고객에게 그때의 사연을 이야기한다.

"참 마음 아픈 사연을 하나 말씀드리겠습니다. 기존 계약자에게서 이 분을 소개받고 처음 뵌 것은 3년 전 가을날입니다. 경기도 안산에서 생활하고 있었던 30대 중반인 이 부부는 맞벌이를 하고 있었고, 6살의 아들과 4살의 딸을 두고 있었습니다. 가진 것 없이 사회생활을 시작했지만, 그동안 알뜰살뜰 아끼고 많은 노력을 해서 그 당시에는 대한민국 중산층 정도의 생활을 하고 있었습니다."

그러고 나서 그 당시 대화한 내용을 고객에게 말해 준다.

"무슨 계획이 있길래 그렇게 열심히 사세요?"

"서울에서 아파트를 사려면 더 열심히 모아야지요. 다른 건 몰라도 우리 현승이, 승아의 교육만큼은 남부럽지 않게 시킬 겁니다."

"그렇다면 유학도 보낼 생각인가요?"

"글쎄요, 만약 아이들이 공부를 더 하고 싶다면 보내야겠죠. 아이들이 열심히 하려고 하는데 부모가 능력이 없어서 못 시키는 것은 불행한 일이라 생각해요. 그러한 일이 발생하지 않게 하기 위해서라도 더 악착같이 살아야 한답니다."

-중략-

"사모님, 방금 전에 제시한 보험료가 많이 부담스러우신가요? 김 과장님께서는 이 금액에 만족을 하신다고 했습니다만."

"그래도 저는 남편이 죽어서 나오는 돈이 그렇게 많은 걸 원치 않아요. 우리가 더 열심히 일해서 모을 겁니다. 그러니까 암이나 의료비에 대한 보장은 그대로 놔 두시고, 사망보험금은 제가 원하는 금액까지로 줄여주세요. 보험료로 그렇게 큰 돈을 넣을 수 있는 상황이 아닙니다."

"사모님의 뜻은 충분히 이해가 됩니다만, 좀 전에도 말씀드렸다시피, 제가 제시한 상품에 대해 사모님께서 오해하고 계신 부분이 있는 것 같습니다."

"설계사님, 죄송합니다. 그렇게 하시지 않을 거라면 저는 계약을 하지 않겠습니다. 지금 저에게는 보험료로 내는 돈 10만원보다

적금이 더 중요합니다. 좀 전에도 말했잖아요. 우리 남편에게는 그런 일이 일어나지 않는다고요. 제가 고집이 굉장히 세거든요."

그 뒤 그 부부에게 일어난 일을 고객에게 계속 얘기해 준다.

"이렇게 해서 어쩔 수 없이, 일반사망 보험금을 줄여서 계약을 했습니다. 그런데 그로부터 약 8개월이 지난 즈음, 그렇게 건강하던 남편이 급성심근경색으로 쓰러지고 말았습니다. 그 후, 남은 가족의 상황은 180도로 변해 버렸지요. 그렇게까지 노력하며 살았던 사모님의 모든 희망이 날아가 버린 겁니다. 열심히 해서 서울에 조그마한 아파트를 장만하려던 계획도, 자녀의 교육만큼은 남부럽지 않게 시키려던 마음도 한순간에 물거품이 되고 말았답니다.

그 후로 고객과 상담하다 보면 그때 일이 가끔 생각납니다. 제가 처음 방문한 당시의 그 부부의 모습을 떠올리면, 마음이 참 아픕니다.

그때 일로 저는 느낀 것이 참 많았습니다. 그리고 다짐한 것이 있지요. 사모님이 편지로 제게 부탁하신 것처럼 가족을 지키는 보장에 관해서는 이 세상 어느 것과도 타협하지 않기로 말입니다."

이제 강한 클로징을 하는 타이밍이다.

"저는 선생님의 어려움을 잘 알고 있습니다. 그리고 선생님의 의견이 모두 틀린 말이 아니란 점도 잘 알겠습니다. 하지만 더 이상 저 또한 어떻게 해볼 도리가 없습니다. 제 입장도 좀 생각해 주십시오."

"무슨 입장을 말하시는 겁니까?"

"제가 제시한 준비를 하지 않으시면 선생님의 가족이 어떤 어려움에 빠질지 뻔히 보이는데, 뒤로 물러날 수 있겠습니까? 도저히 힘이 든다면 보험료를 제가 내겠습니다. 이렇게까지 해서 선생님의 가정을 지킬 수만 있다면 말입니다."

그런 다음, 고객의 반응을 기다린다.

이 방법은 고객이 많이 망설일 때 많은 효과를 볼 수 있었다. 고객으로 하여금 설계사가 쉽게 물러나지 않을 것임을 간접적으로 표현한 것이다. 설계사의 가족에 대한 사랑과 일에 대한 확고한 철학을 전달할 수 있는 데 탁월한 효과가 있었다.

Perfect Closing (완벽한 종결)

사람은 일반적으로 자신이 소중하게 생각하는 것은 어떠한 대가를 치르더라도 지키려는 심리를 가지고 있다. 상담을 할 때 이러한 심리를 이용하면 강력한 클로징을 자연스럽게 유도할 수 있다.

클로징을 할 때 가장 좋은 기술은 고객으로 하여금 더 이상 물러날 곳이 없게 만드는 것이다. 이러한 기술은 클로징 단계에서 매우 중요하다. 간단한 것 같지만 웬만한 내공(?)이 없이는 결코 쉽지 않다.

이 화법을 어설프게 사용하면 오히려 역효과가 날 수도 있다.

많은 롤 플레잉Role playing을 통해서 철저하게 준비하길 바란다. 이 화법을 완벽하게 소화해 낸다면 당신은 설계사로서 최고의 경지에 오를 수도 있다. 즉, 고객의 입장에서는 더 이상 뒤로 물러날 곳이 없다는 것을 스스로 인정하는 경우이다.

이 기술을 마스터하기 위해서는 두 가지의 중요한 포인트가 있다. 첫째, 연습할 때 특히 표정과 눈빛, 목소리에 집중해야 한다. 결국, 고객으로 하여금 앞에 있는 설계사의 진심을 완벽하게 느끼게 만들어야 하는 것이다. 둘째, 설계사의 간절한 마음이다. 연기를 한다는 태도로는 분명한 한계가 있다. 그런 태도에 대한 고객의 반응은 '이 사람을 믿어야 하나?' 하는 의구심뿐이다. 따라서 연습에서도, 실전에서도 고객에게 당신의 마음을 온전히 담아서 전달할 수 있도록 노력해야 한다.

"선생님께 가장 소중한 것이 있다면 그것은 무엇입니까?"

"그거야 당연히 가족이죠." (일반적으로 가족이라고 할 것이고, 그렇지 않다면 가족이라는 말이 나올 수 있도록 유도하라.)

"선생님, 세상에서 가장 소중한 가족을 포기할 수 있습니까?"

"있을 수 없는 일이죠."

"그렇다면 선생님께서는 어떠한 어려움을 감수하시더라도 가족만큼은 끝까지 책임지겠다는 말씀이시죠?"

"그건 부모된 도리로서 당연한 것 아닙니까?"

"그럼 아주 손쉬운 방법으로 가족을 최악의 상황에서도 끝까지 지킬 수 있는 방법에 대해서 잠시 설명해도 되겠습니까?"

"그게 뭔가요?"

대부분은 이렇게 해서 상담을 진행하게 된다. 이 단계를 지나, 클로징 부분에서 만약 고객이 가입을 주저한다면 그때를 대비한 마지막 클로징 멘트를 날려보자.

"선생님, 왜 가입을 주저하시는지요?"

"아니 뭐, 나중에 필요하면 제가 연락을 드리지요."

"선생님께서는 가족이 이 세상에서 가장 소중하다고, 또 가족을 끝까지 지킬 것이라고 말씀하셨지 않습니까?"

"네."

"선생님은 가족을 위해 죽음까지도 불사하겠다고 하셨습니다. 그런데 지금은 가족을 지키는 것을 주저하고 계십니다. 이곳에 사인을 하는 것이 죽기보다 힘든 일입니까?"

"……"

일반적인 경우, 이런 상황까지 진행되지는 않는다. 하지만 이 화법을 충분히 연습한다면 첫만남에서부터 고객은 설계사의 깊은 마음을 느끼게 될 것이다. 설계사의 이러한 태도는 고객으로 하여금 눈에 보이지 않는 어떤 강력한 영향력을 행사하고 있다는 것을 알아야 한다.

사람은 일반적으로 자신이 소중하게 생각하는 것은 어떠한 대가를 치르더라도 지키려는 심리를 가지고 있다. 상담을 할 때 이러한 심리를 이용하면 강력한 클로징을 자연스럽게 유도할 수 있다.

Sign 실전 세일즈 셀링 포인트

초판 1쇄 발행 | 2009년 8월 6일

지은이 | 윤만수
펴낸이 | 박기남
펴낸곳 | **율곡출판사**

주소 | 121-872 서울시 마포구 염리동 36-249
전화 | 02) 718-9872~3
팩스 | 02) 718-9874
홈페이지 | www.yulgokbooks.co.kr
이메일 | yulgokbook@naver.com
등록 | 1989. 11. 10. 제5-206호(윤)

ISBN 978-89-91830-54-7 03320

정가 13,000원